国家基本职业培训包教程

QICHE WEIXIUGONG

汽车维修工

（基本素质）

人力资源社会保障部教材办公室 组织编写

中国人力资源和社会保障出版集团

中国劳动社会保障出版社 中国人事出版社

图书在版编目（CIP）数据

汽车维修工. 基本素质 / 人力资源社会保障部教材办公室组织编写. -- 北京：中国劳动社会保障出版社：中国人事出版社，2019

国家基本职业培训包教程

ISBN 978-7-5167-3863-4

Ⅰ. ①汽…　Ⅱ. ①人…　Ⅲ. ①汽车-车辆修理-职业培训-教材　Ⅳ. ①U472.4

中国版本图书馆CIP数据核字（2019）第033263号

中国劳动社会保障出版社
中　国　人　事　出　版　社　**出版发行**

（北京市惠新东街 1 号　邮政编码：100029）

*

三河市华骏印务包装有限公司印刷装订　新华书店经销

787 毫米 ×1092 毫米　16 开本　7.25 印张　129 千字

2019 年 4 月第 1 版　2021年10月第 2次印刷

定价：20.00 元

读者服务部电话：（010）64929211/84209101/64921644

营销中心电话：（010）64962347

出版社网址：http://www.class.com.cn

国家基本职业培训包

本书编审人员

主　编：王殿虎

参　编：章华锋

主　审：毕胜强

前言
Preface

为贯彻落实《中华人民共和国国民经济和社会发展第十三个五年规划纲要》提出的“实行国家基本职业培训包制度”的要求，全面推进《国务院关于推行终身职业技能培训制度的意见》各项部署，按照《人力资源社会保障部办公厅关于推进职业培训包工作的通知》的工作安排，“十三五”期间，组织开发100个国家基本职业培训包，指导开发100个地方（行业）特色职业培训包。职业培训包开发工作是新时期职业培训领域的一项重要基础性工作，旨在形成以综合职业能力培养为核心，以技能水平评价为导向，实现职业培训全过程管理的职业技能培训教学服务体系，这对于进一步提高培训质量，加强职业培训规范化、科学化管理，促进职业培训与就业需求的有效衔接，推行终身职业培训制度具有积极的作用。

职业培训包是依据《国家职业技能标准》，结合职业岗位实际需求开发的，集培训标准、课程规范、教学与学习资源、职业指南、培训机构设置指南等于一体的职业培训资源总和，是职业技能培训规范性技术文件。国家基本职业培训包由指南包、课程包、资源包三个子包构成，三个子包各含有相应培训内容与教学资源。

人力资源社会保障部教材办公室组织参加“国家基本职业培训包（指南包　课程包）”编制的专家及其他有关专家依据指南包、课程包，编写了“国家基本职业培训包教程”（简称培训包教程）。

培训包教程是职业培训包中资源包的重要组成部分。教程严格对应职业培训包课程规范要求，遵循职业培训教学规律，紧密结合经济社会发展的新要求和企业技术进步的实际需要编写。另外，探索“互联网＋职业培训”模式，在开发培训包教程的同时，配套开发数字课程资源，实现线上线下培训的有机衔接。

培训包教程分级别编写，其中，基本素质内容涵盖课程包的职业基本素质培训要求，是各级别均需掌握的基础知识；各级别教程采用“模块—课程—学习单元”的设计结构，与课程包的课程规范结构一一对应。

培训包教程适用于各类政府补贴培训、企业自主培训和市场化培训，是公共实训机构、职业院校（含技工院校）、职业培训机构和行业企业开展职业培训的重要资源。

培训包教程在编写中得到杭州技师学院、山西交通技师学院的大力支持，在此表示衷心感谢。

培训包教程编写是一项探索性工作，欢迎培训单位和培训学员在使用中提出宝贵意见，以臻完善。

人力资源社会保障部教材办公室

Contents

目录 汽车维修工（基本素质）

职业认知与职业道德

模块 1

课程 1–1 职业认知

学习单元 职业认知 003

课程 1–2 职业道德基本知识

学习单元 道德与职业道德 006

课程 1–3 职业守则

学习单元 汽车维修工职业守则 008

基础知识

模块 2

课程 2–1 钳工基础知识

学习单元 钳工基础知识 013

课程 2–2 汽车常用材料及配件

学习单元 汽车常用材料及配件 034

课程 2–3 电工与电子基础知识

学习单元 电工与电子基础知识 048

课程 2–4 液压传动

学习单元 液压传动基础 060

课程 2–5 汽车维修设备、工具和仪器

学习单元 汽车维修设备、工具和仪器 063

课程 2–6 汽车构造

学习单元 汽车构造 077

模块 2
课程 2-7　安全生产与环境保护知识
学习单元　安全生产与环境保护知识　087
课程 2-8　质量管理知识
学习单元　质量管理知识　096

法律、法规

模块 3
课程 3-1　相关法律、法规知识
学习单元　相关法律、法规知识　101

模块 1 职业认知与职业道德

- 课程 1-1 职业认知
- 课程 1-2 职业道德基本知识
- 课程 1-3 职业守则

课程设置

课程	学习单元	课堂学时
1-1　职业认知	职业认知	1
1-2　职业道德基本知识	道德与职业道德	2
1-3　职业守则	汽车维修工职业守则	1

课程 1-1　职业认知

学习内容

学习单元	课程内容	培训建议	课堂学时
职业认知	1）汽车维修业 ①汽车的定义 ②汽车维修的定义 ③汽车维修的仪器、设备、工具	（1）方法：讲授法、案例教学法 （2）重点与难点：汽车维修工的工作内容	1
	2）汽车维修工的工作内容 ①汽车维护作业的工艺流程 ②汽车的清洁、补给、检查 ③汽车的润滑、紧固、调整、更换 ④汽车故障的判断与排除		

学习单元　职业认知

一、汽车维修业

1. 汽车的定义

汽车是由动力驱动，具有四个或四个以上车轮的非轨道承载的车辆，主要用于载运人员和（或）货物，牵引载运人员和（或）货物的车辆，以及特殊用途的车辆。

2. 汽车维修的定义

汽车维修是汽车维护和修理的泛称。汽车维护是指为维持汽车完好技术状况或工作能力而进行的作业，一般可分为定期、按需和事后三种维护方式。汽车修理是指为恢复汽车完好技术状况或工作能力和寿命而进行的作业，汽车修理按照修理对象、作业深度、执行作业的计划性或组织形式等划分为汽车大修、汽车小修、总成修理及零件修理。

3. 汽车维修的仪器、设备、工具

汽车维修的仪器、设备、工具是维修汽车必备的物质条件，在修理工作中，仪器、设备等的使用正确与否，对提高工作效率和汽车的修理质量有重要意义。

二、汽车维修工的工作内容

1. 汽车维护作业的工艺流程

汽车维护工艺是利用生产工具按一定要求维护汽车的方法，是维护汽车中积累起来并经过总结的操作技术经验。汽车维护的各种作业按一定方式组合、顺序、协调进行的过程称为汽车维护作业的工艺流程。

维护作业方式有定位作业法和流水作业法两种。定位作业法是指维护的汽车在一个工位上，执行不同工艺的工人轮流在工位上对汽车进行作业。流水作业法是指不同

的维护工艺按一定的顺序排列在生产线的两侧，汽车沿生产线流动，并按每个工艺的作业时间在相应的工位停歇。

2. 汽车的清洁、补给、检查

汽车维护作业的内容主要包括清洁、补给、检查、润滑、紧固、调整、更换等。汽车维护作业一般不对车辆总成进行解体，也不对汽车各主要总成大拆大卸，只有在确实发生故障需要解体时方可进行解体操作，这也是区别与划分汽车维护和修理的界限。

清洁作业的工作内容包括对燃油、机油和空气滤清器滤芯进行清洁，对汽车的外表进行清洁养护以及对有关总成、零部件内外部进行的清洁作业。

补给作业是指在汽车维护过程中，对汽车的燃油、润滑油及其他所有特殊工作液进行加注补充；对蓄电池进行补充充电、对轮胎进行补气等作业。

检查作业的工作内容是检查汽车各总成和机件是否齐全，连接是否紧固；是否存在漏水、漏油、漏气和漏电等现象；利用汽车上的指示仪表、报警装置以及其他随车诊断装置，检查各总成、机构和仪表的技术状况；对影响汽车安全行驶的转向、制动和灯光等工作情况进行检查；对汽车各总成进行拆检、装配、调整时应检查各主要部件的配合间隙。

3. 汽车的润滑、紧固、调整、更换

润滑作业的工作内容包括按照汽车的润滑图表规定的部位和周期，用规定牌号的润滑油或润滑脂进行润滑；各油嘴、油杯和通气塞必须配齐，并保持畅通；发动机、变速器、转向器和驱动桥等应按规定补充、更换润滑油。

紧固作业的工作重点为负荷重且经常变化的各部分机件，应及时对各连接螺栓进行必要的紧固和更换。

调整作业的主要内容是按技术要求，调整相关机件，以恢复总成、机件的正常配合间隙及良好工作性能。

更换作业是按照需要或规定更换燃油滤清器、机油滤清器、空气滤清器，更换润滑油，给轮胎换位以及更换轮胎，配换损坏的电气元件及电线等。

4. 汽车故障的判断与排除

汽车故障诊断的原则是先机械后电子、先一般后专项、先易后难、先简后繁。

（1）诊断故障的基本过程

通常包括以下几个步骤：询问情况、再现故障现象、确定故障特征、分析故障原

因、拟定检查范围、查找故障点。

1）询问情况。主要是向驾驶人了解车辆出现故障前的一些基本信息，如车辆的行驶里程、车辆维护及修理情况、平时车辆的使用状况、故障出现前的特殊现象等。

2）再现故障现象。再现故障现象是指通过一定的方法和技术手段，将故障现象表现出来，如原地发动、道路试验等；或者通过环境模拟的方法再现故障，如通过振动、加热、水淋、增减负荷等。

3）确定故障特征。某一个故障原因造成的故障，一般都有其特定的表现，也就是故障特征。找准故障特征，对缩小诊断范围，迅速诊断故障原因十分重要。

4）分析故障原因。根据汽车具体结构和故障的特征，分析故障原因。

5）拟定检查范围。依据故障分析，确定检查的范围、步骤和方法。

6）查找故障点。根据确定的检查范围，采用分段定点或逐点检查的方法查找故障点。

（2）排除故障的基本方法

可以通过换用新品、修复旧品、代替或互换等方法来排除故障并恢复汽车的技术性能。

课程 1–2　职业道德基本知识

学习内容

学习单元	课程内容	培训建议	课堂学时
道德与职业道德	1）职业道德 ①职业道德的概念 ②各行业共同的职业道德内容 ③工作态度、维修质量、职业道德三者的关系 ④加强职业道德修养	（1）方法：讲授法、案例教学法 （2）重点：汽车维修人员的职业道德规范 （3）难点：汽车维修人员职业道德规范的养成与学以致用	2
	2）汽车维修人员的职业道德规范 ①忠于职守、爱岗敬业 ②团结协作 ③廉洁奉公		

学习单元　道德与职业道德

一、职业道德

1. 职业道德的概念

广义的职业道德是指从业人员在职业活动中应该遵循的行为准则，涵盖了从业人员与服务对象、职业与职工、职业与职业之间的关系。狭义的职业道德是指在一定职业活动中应遵循的、体现一定职业特征的、调整一定职业关系的职业行为准则和规范。

2. 各行业共同的职业道德内容

总体来讲即为爱岗敬业、诚实守信、办事公道、服务群众、奉献社会。

3. 工作态度、维修质量、职业道德三者的关系

职业道德是从业人员工作态度和价值观念的表现，同时，良好的职业道德又有助于提高维修质量。职业道德使人具备爱岗敬业的工作态度；职业的信念能形成求生存、谋发展、争一流的决心与行动；职业责任感能使人刻苦钻研业务，优质高效地完成各项任务。

4. 加强职业道德修养

职业道德修养，就是从业人员在道德意识和道德行为方面的自我锻炼、自我提升后所形成的职业道德品质。职业道德素质的提高，一方面靠社会的培养和组织的教育，另一方面取决于自己的主观努力。

二、汽车维修人员的职业道德规范

1. 忠于职守、爱岗敬业

忠于职守是指忠诚地对待自己的职业岗位，遵守自己的职业本分。忠于职守是每一位汽车维修从业人员尤其是具有一定职权的管理人员必须履行的义务，也是汽车维修从业人员基本的职业责任。忠于职守主要表现为严格把关、遵守行规和行约、尽职尽责和敢于管理。

爱岗敬业是爱岗与敬业的总称。爱岗就是热爱自己的本职工作，安心于本职岗位，恪尽职守地做好本职工作。敬业就是充分认识本职工作在社会经济活动中的地位和作用，认识本职工作的社会意义和道德价值，具有职业的荣誉感和自豪感，在职业活动中具有高度的劳动热情和创造性，以强烈的事业心、责任感从事工作。

作为一名合格的维修人员，应该掌握主流汽车的各项维修及保养技术，熟知最新的汽车维修及检测技术，同时具有一定的运营和管理经验。

2. 团结协作

团结协作的含义是：坚持集体主义原则，以平等友爱、相互合作、共同发展的精神处理好内外关系。正确处理国家、集体和个人三者之间的关系，自觉服务于改革发展和稳定的大局。例如，在维修竣工检测后，对发现的汽车维修质量问题，检验员应该积极帮助一线生产人员努力解决影响维修质量的各种问题，以得到对方对严格管理的理解和支持，确保质量管理工作的顺利进行。

3. 廉洁奉公

（1）清正廉明

汽车维修从业人员应严格执行党和国家有关廉政建设的规定，努力做到自重、自省、自警、自励，清正廉洁，严格自律。

（2）反腐拒贿

汽车维修从业人员应具有“拒腐蚀，永不沾”的精神，反对拜金主义、享乐主义，杜绝权钱交易，自觉抵制各种腐朽思想和生活方式的侵蚀。

（3）不谋私利

汽车维修从业人员不能利用职务上的权力和便利谋取个人私利，应自觉做到不假公济私、不损公肥私、不徇私枉法，划清个人正当利益与自私自利的界限，树立自我约束的意识，从思想上铲除以权谋私的根源。

（4）一心为公

汽车维修从业人员要自觉树立大公无私的精神。这种精神是高层次的道德要求，汽车维修从业人员应注重培养和树立这种精神。

课程 1-3　职业守则

学习内容

学习单元	课程内容	培训建议	课堂学时
汽车维修工职业守则	1）遵守相关法律、法规和规定 2）爱岗敬业，忠于职守，诚实守信 3）认真负责，严于律己 4）努力学习，钻研业务，奉献社会 5）谦虚谨慎，团结协作 6）严格执行工艺文件，质量意识强 7）重视安全生产，环保意识强	（1）方法：讲授法、案例教学法 （2）重点与难点：汽车维修工的职业守则	1

学习单元　汽车维修工职业守则

汽车维修业是我国道路运输业的一部分，是为道路运输市场服务的。汽车维修生产任务的完成状况直接影响道路运输的状况，影响到公众的利益和人民生命、国家财产的安全。汽车维修人员在从事生产活动过程中，直接或间接地与服务对象（托修方）进行面对面的交往，还经常同社会其他职业（如汽车配件经营行业等）发生直接联系，这种特有的工作性质，要求从业者在实践汽车维修职业道德时，自觉将自己置身于社会大环境下严格自律，为生产、流通、消费全方位展开服务。

1. 遵守相关法律、法规和规定

自觉遵守企业的各项规章制度，熟悉企业的管理、工作、业务等各项流程和规范要求，认真履行义务。

（1）遵守企业的流程规范和岗位责任制，并按其规定的原则、标准和程序办事，不违章作业。

（2）遵守职场规范，保持办公场所整洁有序。

2. 爱岗敬业，忠于职守，诚实守信

热爱本职工作，自觉遵守员工行为和企业岗位规范。

（1）牢记企业的宗旨和目标，维护企业的信誉和利益。

（2）充分发挥自己的主观能动性，热爱企业，关心企业。

（3）培养团队精神，积极维护团队荣誉。

3. 认真负责，严于律己

（1）工作不推诿、不延误，努力完成各项任务。

（2）尊重领导，服从分配，在胜任本职工作的前提下，积极承担或主动参与企业的重大项目和重点工程。

（3）遇到问题、困难和挫折，不灰心、不气馁，能够全面分析，认真排查，积极寻求相应的方式和对策，予以迅速处理或妥善解决。

4. 努力学习，钻研业务，奉献社会

（1）积极参加企业组织的各种学习和培训。

（2）熟悉业务，提高技能，不断改进工作方法，提高工作成效。

（3）积极转变观念，关注新生事物，勇于开拓，大胆创新。

5. 谦虚谨慎，团结协作

汽车维修工在工作学习中，要时刻保持谦虚谨慎的作风，团结协作，严格按照汽车维修各项工艺技术标准，进行汽车维修工作。

6. 严格执行工艺文件，质量意识强

汽车维修工要按章管理，严格把关，自觉维护各项工艺技术标准的严肃性，保证汽车维修质量的有效管理。此外，还应努力培养自己的工作责任感，敢于依法管理，敢于承担责任。

7. 重视安全生产，环保意识强

汽车修理工在从事日常的经营工作时，必须加强安全生产理念的培养，对于从车辆进场到修竣这一过程中的所有与安全生产有关的事项都要重点关注。

同时需要具备强烈的环保意识：

（1）汽车拆卸维修时，应做到油、水不落地，拆下的零件要放置在零件盆中，废油接入油盆中，拆修完毕立即清扫场地。

（2）废旧料应分类放置在规定的收集地点，废机油倒入收集桶内，定期处理废旧料和废机油。禁止将废油等一切含油废液倒入下水道。

（3）维修车辆的废气排放应达到国家标准的规定要求，不得随意降低标准。

模块 2 基础知识

- 课程 2-1　钳工基础知识
- 课程 2-2　汽车常用材料及配件
- 课程 2-3　电工与电子基础知识
- 课程 2-4　液压传动
- 课程 2-5　汽车维修设备、工具和仪器
- 课程 2-6　汽车构造
- 课程 2-7　安全生产与环境保护知识
- 课程 2-8　质量管理知识

课程设置

课程	学习单元	课堂学时
2-1 钳工基础知识	钳工基础知识	30
2-2 汽车常用材料及配件	汽车常用材料及配件	4
2-3 电工与电子基础知识	电工与电子基础知识	12
2-4 液压传动	液压传动基础	2
2-5 汽车维修设备、工具和仪器	汽车维修设备、工具和仪器	2
2-6 汽车构造	汽车构造	10
2-7 安全生产与环境保护知识	安全生产与环境保护知识	2
2-8 质量管理知识	质量管理知识	2

课程 2-1 钳工基础知识

学习内容

学习单元	课程内容	培训建议	课堂学时
钳工基础知识	1）钳工常用工具 2）钳工常用量具、仪表 3）钳工常用设备 4）钳工常用劳动防护用品 5）装配钳工操作基础知识	（1）方法：讲授法、演示法 （2）重点与难点：钳工规范操作	30

学习单元　钳工基础知识

钳工大多是用手工工具并经常在台虎钳上进行操作的一个工种。钳工的种类主要有装配钳工、机修钳工和工具钳工。

一、钳工常用工具

1. 钳工工作台

钳工工作台是钳工操作的专用工作台，如图 2–1–1 所示。

2. 台虎钳

台虎钳是用来夹持工件的通用夹具，装置在工作台上，用以夹稳加工工件。台虎钳分为固定式和回转式两种，如图 2–1–2 所示为回转式台虎钳。台虎钳的规格用钳口的宽度表示，常用尺寸为 100 ~ 150 mm。

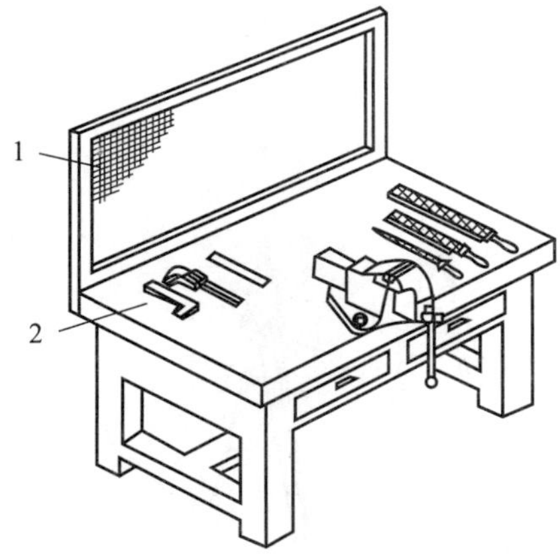

图 2–1–1　钳工工作台

1—防护网　2—工、量具放置台

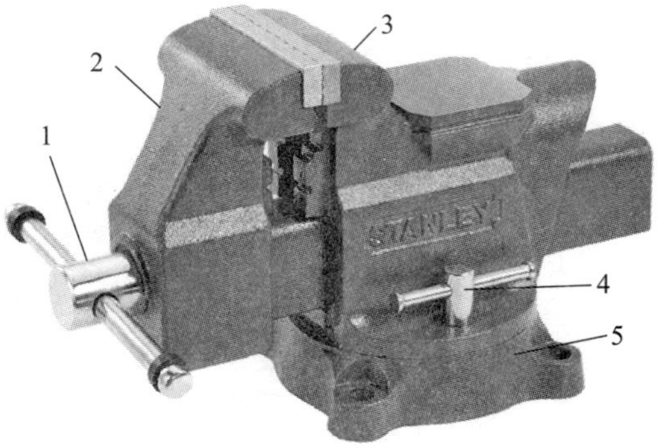

图 2–1–2　回转式台虎钳

1—丝杠　2—活动钳口　3—固定钳口

4—夹紧手柄　5—转盘座

台虎钳使用注意事项：

（1）夹紧工件时松紧要适当，只能用手拧紧手柄，而不能借助于套管加力，防止丝杠、螺母和钳身受损坏及夹坏工件表面。

（2）不能在活动钳身的光滑平面上敲击作业，以防破坏它与固定钳身的配合性能。

（3）对丝杠、螺母等活动表面，应经常清洁、润滑，以防生锈。

3. 划线工具

划线是钳工的一项基本操作。根据图样或实物的尺寸，准确地在毛坯或工件的表面上划出加工界线。划线的常用工具有钢直尺、划线平台、划针、划针盘、游标高度尺、划规、样冲、V 形架、直角尺、游标万能角度尺及千斤顶等，如图 2–1–3 所示。

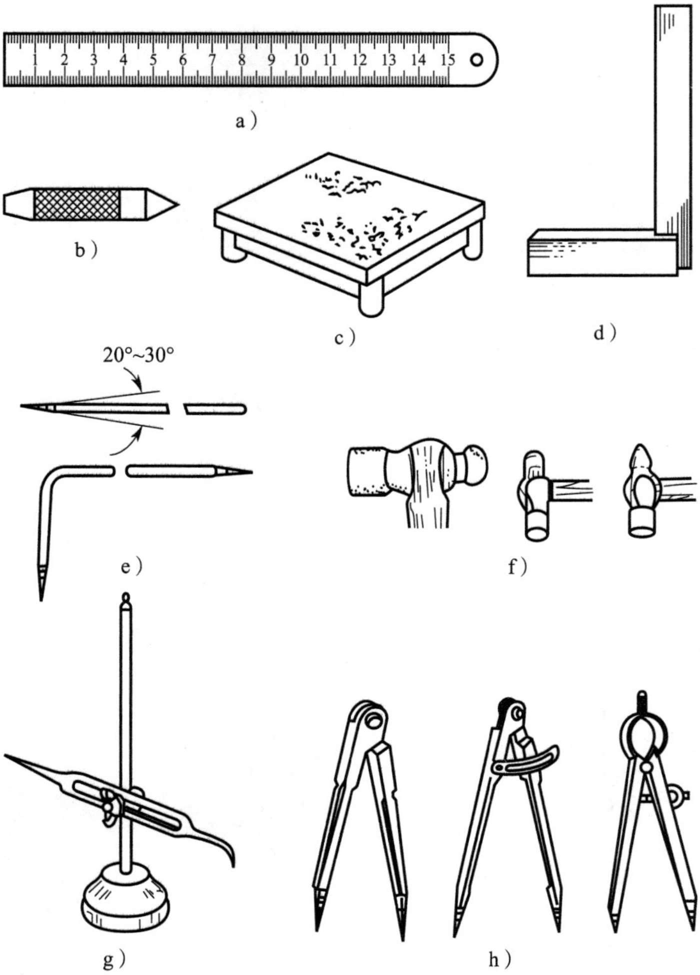

图 2–1–3　划线常用工具

a）钢直尺　b）样冲　c）划线平台　d）直角尺　e）划针　f）锤子　g）划针盘　h）划规

（1）划线的作用

1）确定加工余量，明确加工界线，确定工件上各加工面的加工位置，合理分配加工余量，使切削加工有明确的尺寸界线标志。

2）检验毛坯形状尺寸，剔除不合格毛坯。可全面检查毛坯的形状和尺寸是否符合图样，能否满足加工要求。

3）通过找正和借料补救毛坯缺陷。铸、锻毛坯件由于各种原因形成形状歪斜、偏心、各部分壁厚不均匀等缺陷。当形位偏差不大时，可以通过划线找正和借料的方法来补救。

（2）划线的步骤和注意事项

1）对照图样检查毛坯、半成品尺寸和质量，剔除不合格件，并了解工件上需要划线的部位和后续加工的工艺。

2）毛坯在划线前要去除残留型砂及氧化皮、毛刺、飞边等。

3）确定划线基准。如以孔为基准，则用木块或铅块堵孔，以便找出孔的圆心。确定基准时，尽量考虑让划线基准与设计基准一致。

4）划线表面涂上一层薄而均匀的涂料，一般用紫色涂料（龙胆紫加虫胶和酒精）或绿色涂料（孔雀绿加虫胶和酒精）。

5）选用合适的工具及放妥工件位置，并尽可能在一次支承中把需要划的平行线划全。

6）划线完成后应对照图样检查一遍，不要有疏漏。

7）在所有划线条上的转折处打上样冲眼。

4. 手锯

锯削（也称为锯割）是用手锯将工件材料截断，或在工件上锯出沟槽的工艺过程。锯削使用的工具是手锯，由锯弓和锯条组成，如图 2–1–4 所示。

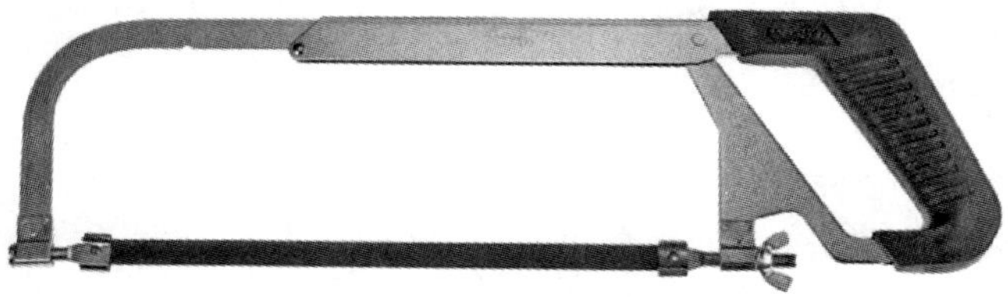

图 2–1–4　手锯

（1）锯弓的种类

1）可调式锯弓：可装不同长度规格的锯条。

2）固定式锯弓：只能装一种长度规格的锯条。

（2）锯条的种类

手锯锯条是由碳素工具钢制造的，按齿的粗细可分为粗齿锯条、中齿锯条和细齿锯条。

（3）锯条的安装要求

锯齿尖倾斜方向朝前，如图 2–1–5a 所示。调整好锯条的松紧，装得过松，锯条不走直线；装得过紧，锯条容易断。

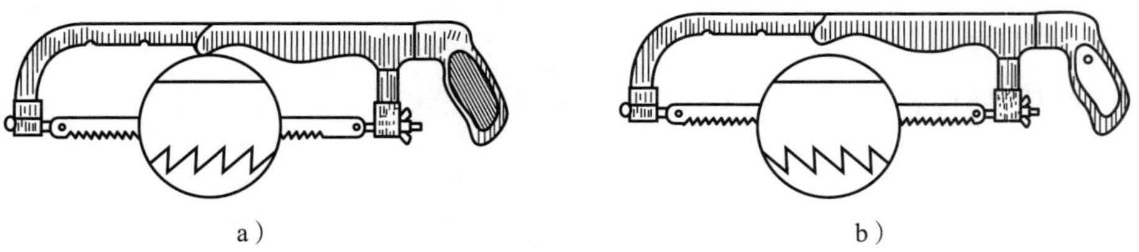

图 2–1–5　锯条的安装

a）正确　b）错误

（4）锯削的操作

1）工件的夹持。工件的夹持要牢固，以防锯削时工件移动而使锯条折断，同时也要防止夹坏已加工表面和工件变形。

工件尽可能夹持在台虎钳的左面，以方便操作；锯缝线应与钳口垂直，以防锯斜；锯缝线离钳口不应太远，以防锯削时产生晃动。

2）起锯。起锯的方式有远边起锯和近边起锯两种，如图 2–1–6 所示。一般情况

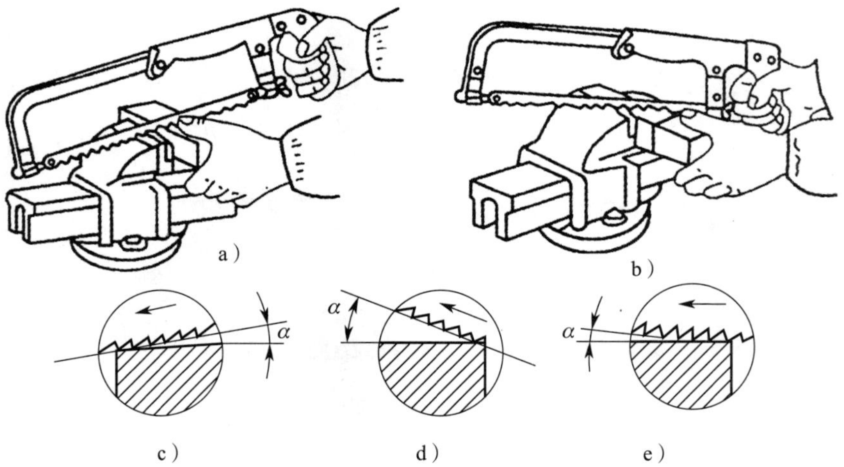

图 2–1–6　起锯方法

a）远边起锯　b）近边起锯　c）起锯角 α 合适　d）起锯角 α 太大　e）起锯角 α 太小

采用远边起锯，因为此时锯齿是逐步切入材料，不易卡住，起锯比较方便。起锯角 α 以 15° 左右为宜。为了起锯的位置正确和起锯平稳，可用左手大拇指靠住锯条来定位。起锯时压力要小，往返行程要短，速度要慢，这样可使起锯平稳。

3）正常锯削。锯削时，手握锯弓要舒展自然，右手握住手柄向前施加压力，左手轻扶在弓架前端，稍加压力，如图 2–1–7 所示。人体质量均布在两腿上。锯削时速度不宜过快，以每分钟 30 ~ 60 次为宜，并应用锯条全长的 2/3 工作，以免锯条中间部分迅速磨钝。

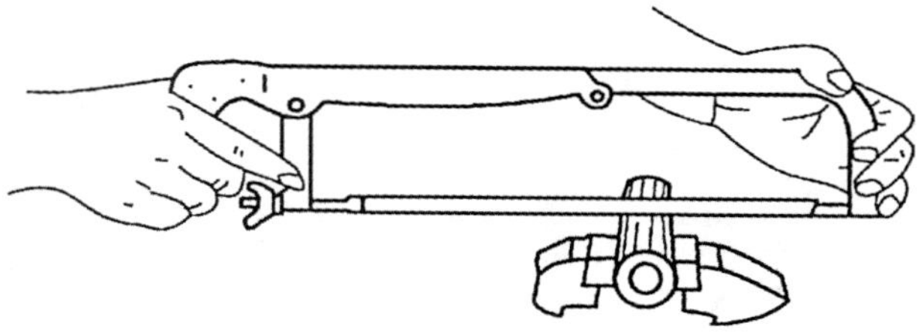

图 2–1–7　锯削方式

推锯时锯弓的运动方式有两种：一种是直线运动，适用于锯缝底面要求平直的槽和薄壁工件的锯削；另一种是锯弓上下摆动，这样操作自然，两手不易疲劳。锯削到材料快断时，用力要轻，以防碰伤手臂或折断锯条。

（5）锯削操作注意事项

1）锯削前要检查锯条的装夹方向和松紧程度。

2）锯削时压力不可过大，以免锯条折断伤人。

3）锯削将完成时，用力不可太大，并需用左手扶住被锯下的部分，以免该部分落下时砸脚。

5. 锉刀

用锉刀对工件表面进行切削加工，使它达到零件图样要求的形状、尺寸和表面粗糙度，这种加工方法称为锉削。锉削加工简便，工作范围广，多用于錾削、锯削之后。

（1）锉刀的材料及构造

锉刀常用碳素工具钢 T10、T12 制成，并经热处理淬硬到 62 ~ 67HRC。锉刀由锉刀面、锉刀边、锉刀舌、锉刀尾、锉刀柄等部分组成。锉刀的大小以锉刀面的工作长度来表示。

（2）锉刀的种类

锉刀按用途不同分为普通锉（或称钳工锉）（见图 2–1–8）、整形锉（见图 2–1–9）、特种锉（见图 2–1–10）三类。其中，普通锉使用最多，按截面形状的不同分为平锉、方锉、圆锉、半圆锉和三角锉五种。

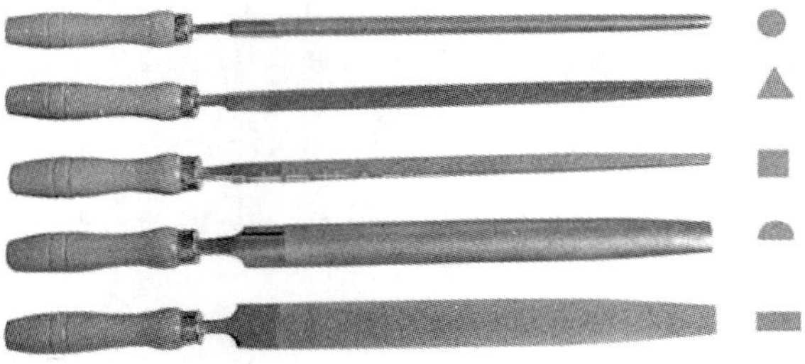
图 2–1–8　普通锉

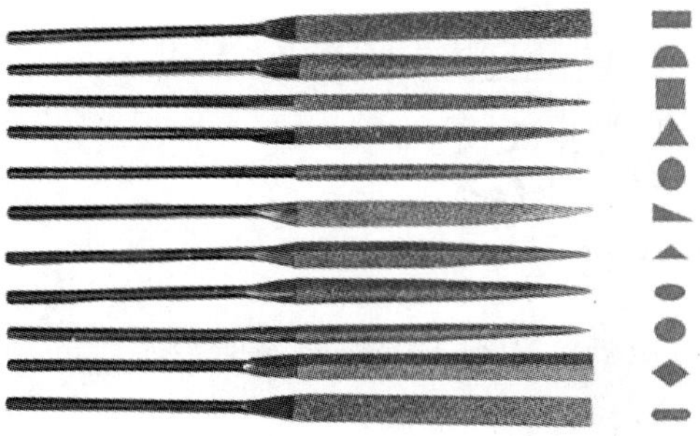
图 2–1–9　整形锉

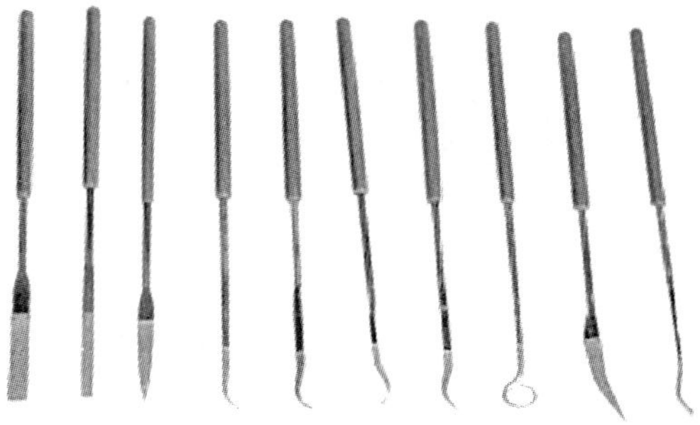
图 2–1–10　特种锉

（3）锉刀的选用

合理选用锉刀，对保证加工质量、提高工作效率和延长锉刀使用寿命有很大的影响。一般选择锉刀的原则是：

1）根据工件形状和加工面的大小选择锉刀的形状和规格。

2）根据加工材料软硬、加工余量、加工精度和表面粗糙度的要求选择锉刀的粗细。粗锉刀的齿距大，不易堵塞，适用于粗加工（即加工余量大、精度低和表面质量要求低）及铜、铝等软金属的锉削；细锉刀适用于钢、铸铁以及表面质量要求高的工件的锉削。

（4）锉削操作

1）装夹工件。工件必须牢固地夹在台虎钳钳口的中部，需锉削的表面略高于钳口，不能高得太多。夹持已加工表面时，应在钳口与工件之间垫以铜片。

2）锉刀的握法。正确握持锉刀有助于提高锉削质量，如图 2–1–11 所示。

大锉刀的握法：右手掌心抵着锉刀木柄的端头，大拇指放在锉刀木柄的上面，其余四指弯在木柄的下面，配合大拇指捏住锉刀木柄，如图 2–1–11a 所示。

中锉刀的握法：右手握法大致和大锉刀握法相同，左手用大拇指和食指捏住锉刀的前端，如图 2–1–11b 所示。

小锉刀的握法：拇指放在锉刀木柄上面，右手食指伸直，靠在锉刀的刀边，左手几个手指压在锉刀中部，如图 2–1–11c 所示。

更小锉刀的握法：一般只用右手拿着锉刀，食指放在锉刀上面，拇指放在锉刀的左侧，如图 2–1–11d 所示。

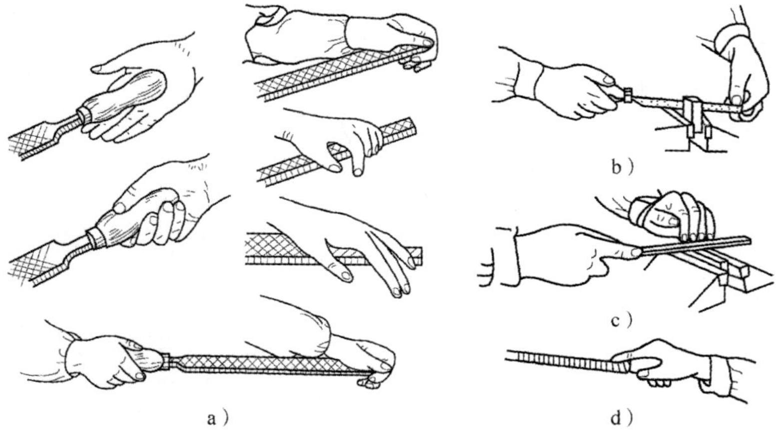

图 2–1–11　锉刀的握法

a）大锉刀的握法　b）中锉刀的握法　c）小锉刀的握法　d）更小锉刀的握法

3）锉削的姿势。正确的锉削姿势能够减轻疲劳，提高锉削质量和效率。锉削的站立姿势为：左腿在前弯曲，右腿伸直在后，身体向前倾斜（约 10° 左右），重心落在左腿上。锉削时，两腿站稳不动，靠左膝的屈伸使身体做往复运动，手臂和身体的运动要相互配合，并要使锉刀的全长得到充分利用。

4）锉削的运用。锉削时，锉刀的平直运动是锉削的关键。锉削的力有水平推力和垂直压力两种。水平推力主要由右手控制，其大小必须大于锉削阻力才能锉去切屑；垂直压力是由两只手控制的，其作用是使锉齿深入金属表面。

锉削速度一般为每分钟 30 ~ 60 次。太快，操作者容易疲劳，且锉齿易磨钝；太慢，则锉削效率低。

6. 扩孔钻、铰刀与锪钻

（1）扩孔钻

扩孔用以扩大已加工出的孔（铸出、锻出或钻出的孔），它可以校正孔的轴线偏差，并使其获得正确的几何形状和较小的表面粗糙度，其加工精度一般为 IT10 ~ IT9 级，表面粗糙度 Ra 为 6.3 ~ 3.2 μm。扩孔的加工余量一般为 0.2 ~ 4 mm。扩孔时可用钻头扩孔，但当孔精度要求较高时常用扩孔钻，如图 2–1–12 所示。扩孔钻的形状与钻头相似，不同的是：扩孔钻有 3 ~ 4 个切削刃，且没有横刃；其顶端是平的，螺旋槽较浅，故钻体粗实，刚性好，不易变形，导向性好。

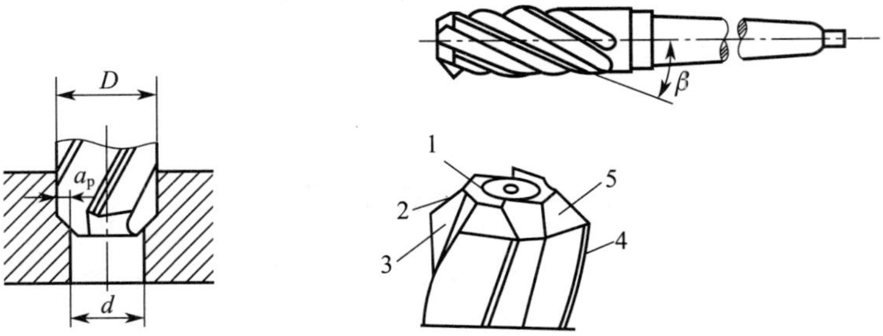

图 2–1–12　扩孔钻

1—钻芯　2—主切削刃　3—前面　4—刃带　5—后面

（2）铰刀

铰孔是用铰刀从工件壁上切除微量金属层，以提高孔的尺寸精度和表面质量的加工方法，如图 2–1–13 所示。铰孔是应用较普遍的孔的精加工方法，其加工精度可达 IT7 ~ IT6 级，表面粗糙度 *Ra* 为 0.8 ~ 0.4 μm。铰刀是多刃切削刀具，有 6 ~ 12 个切削刃和较小顶角。

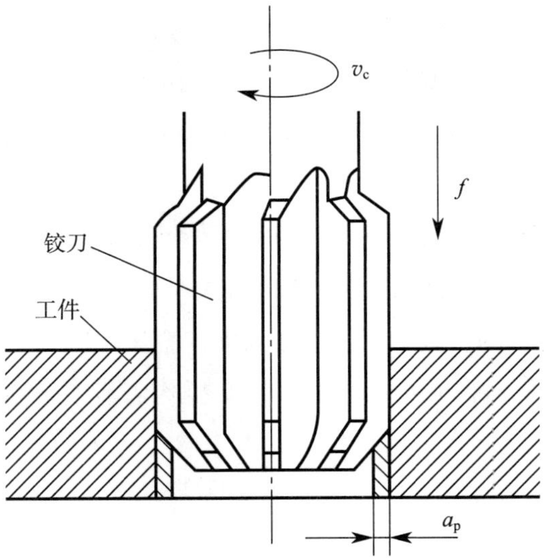

图 2–1–13　铰孔

铰孔时铰刀不能倒转，否则会卡在孔壁和切削刃之间，使孔壁划伤或切削刃崩裂。

（3）锪钻

用锪钻改变已有孔的端部形状的操作称为锪孔，这种加工方法多在扩孔之后进行，又称为划窝。

锪钻的种类很多，可以加工圆柱形沉头孔、圆锥形沉头孔、鱼眼坑以及孔端的凸台等，如图 2–1–14 所示。

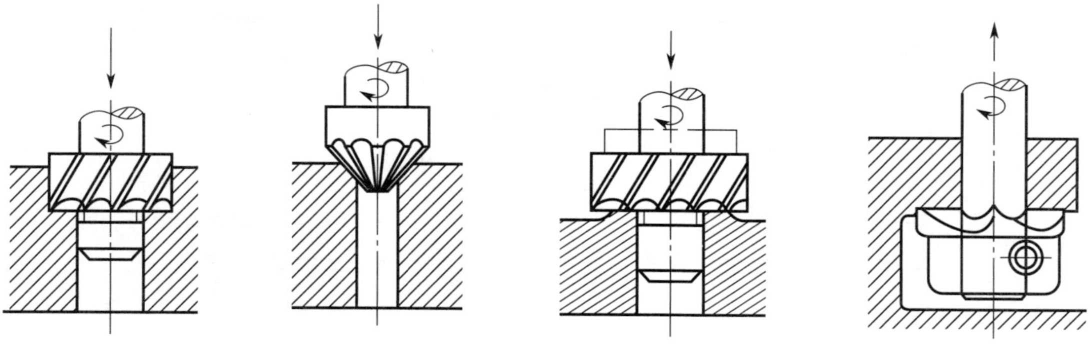

图 2–1–14　锪孔

a）圆柱孔　b）圆锥孔　c）凸台　d）鱼眼坑

7. 丝锥、板牙

（1）丝锥

攻螺纹（又称攻丝）是用丝锥在工件内圆柱面上加工出内螺纹，所用的工具是丝锥和铰杠。

丝锥是用来加工较小直径内螺纹的成形刀具，如图 2–1–15 所示。通常 M6 ~ M24 的丝锥一套为两支，称为头锥、二锥；M6 以下及 M24 以上一套有三支，即头锥、二锥和三锥。

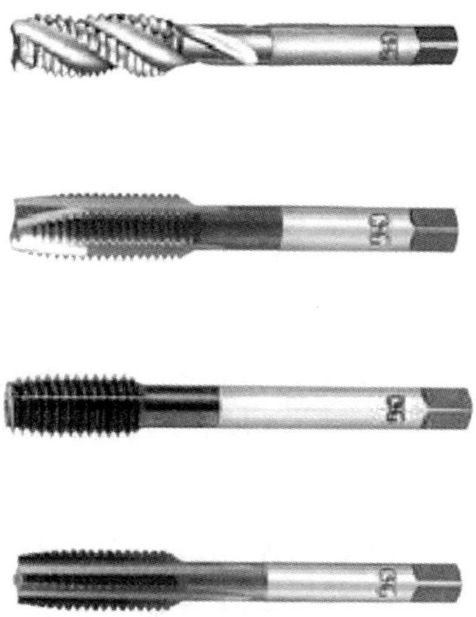

图 2–1–15　丝锥

每个丝锥都由工作部分和柄部组成。工作部分是由切削部分和校准部分组成。轴向有几条（一般是三条或四条）容屑槽，相应地形成几瓣刀刃（切削刃）和前角。切削部分（即不完整的牙齿部分）是切削螺纹的重要部分，常磨成圆锥形，以便使切削负荷分配在几个刀齿上。头锥的锥角小些，有 5 ~ 7 个牙；二锥的锥角大些，有 3 ~ 4 个牙。校准部分具有完整的牙型，用于修光螺纹和引导丝锥沿轴向运动。柄部有方榫，其作用是与铰杠相配合并传递扭矩。

铰杠是用来夹持丝锥的工具，常用的是可调式铰杠，如图 2–1–16 所示。旋转手柄即可调节方孔的大小，以便夹持不同尺寸的丝锥。铰杠长度应根据丝锥尺寸大小进行选择，以便控制攻螺纹时的扭矩，防止因施力不当而扭断丝锥。

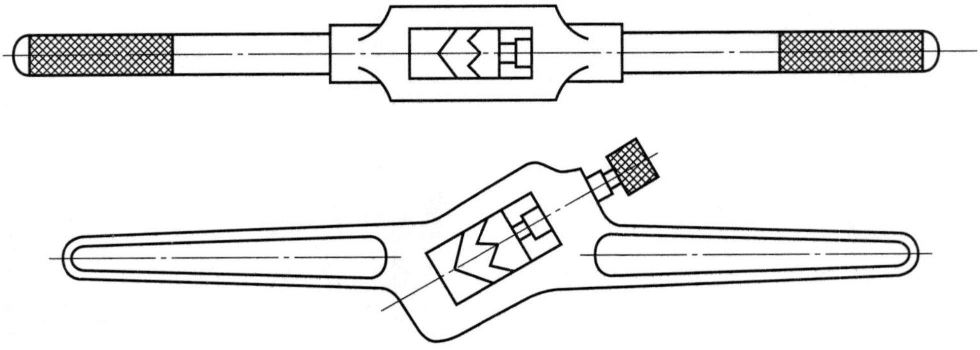

图 2–1–16　铰杠

攻螺纹的操作如图 2–1–17 所示。

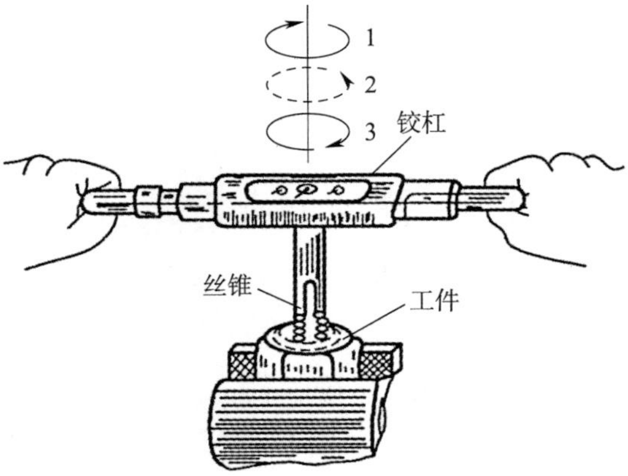

图 2–1–17　攻螺纹的操作

攻螺纹的操作要点和注意事项：

1）根据工件上螺纹孔的规格，正确选择丝锥，先头锥后二锥。

2）工件装夹时，要使孔中心垂直于钳口，防止螺纹攻歪。

3）用头锥攻螺纹时，先旋入 1 ~ 2 圈后，要检查丝锥是否与孔端面垂直（可目测或用直角尺在互相垂直的两个方向检查）。当切削部分已切入工件后，每转 1 ~ 2 圈应反转 1/4 圈，以便切屑断落；同时不能再施加压力（即只转动不加压），以免丝锥崩牙或攻出的螺纹齿型较瘦。

4）攻钢材料螺纹要加机油润滑，可使螺纹光洁、操作轻便及延长丝锥的使用寿命；攻铸铁材料螺纹可不加润滑剂，或者加煤油；攻铝及铝合金、纯铜螺纹，可加乳化液。

5）不要用嘴吹切屑，以防切屑飞入眼内。

（2）板牙

套螺纹（或称套丝、套扣）是用板牙在圆柱杆上加工外螺纹。

板牙是加工外螺纹的工具，其外形像一个圆螺母，只是上面钻有 3 ~ 4 个排屑孔，并形成切削刃，如图 2–1–18 所示。

图 2–1–18　板牙

板牙由切屑部分、定位部分和排屑孔组成。圆板牙螺孔的两端有 40° 的锥度区域，是板牙的切削部分。定位部分起修光作用。板牙的外圆有一条深槽和四个锥坑，锥坑用于定位和紧固板牙。

板牙架是用来夹持板牙、传递扭矩的工具。不同外径的板牙应选用不同的板牙架，如图 2–1–19 所示。

图 2–1–19　板牙架

套螺纹的操作如图 2–1–20 所示。

套螺纹的操作要点和注意事项：

1）工件安装：套螺纹时圆柱杆一般夹在台虎钳中，保持基本垂直。

2）倒角：圆柱杆端部应倒角，并且倒角锥面的小端直径应略小于螺纹小径，以便于板牙正确地切入工件，而且可以避免切出的螺纹端部出现锋口和卷边。

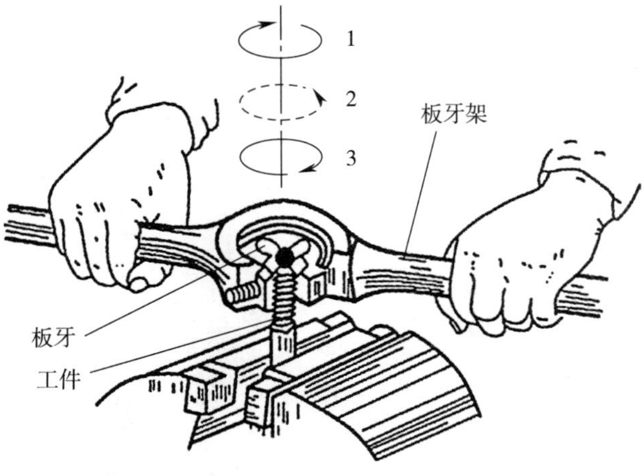

图 2-1-20　套螺纹的操作

3）板牙选择：根据标准螺纹选择合适的板牙，并将其安装在板牙架内，用顶丝紧固。

4）板牙：开始操作时，板牙端面应与圆柱杆轴线保持垂直。板牙每转 1/2 或 1 圈时，应倒转 1/4 圈以切断切屑，然后再接着切削。

5）每次套螺纹前应将板牙排屑槽内及螺纹内的切屑清除干净。

6）套螺纹时切削扭矩很大，易损坏圆柱杆的夹持面，所以应使用硬木制的 V 形槽衬垫或用厚铜板作保护片来夹持工件。工件伸出钳口的长度，在不影响螺纹要求长度的前提下，应尽量短。

7）在钢制圆柱杆上套螺纹时要加机油润滑。

8. 錾子

用锤子敲击錾子对金属进行切削加工的操作方法称为錾削。錾削的作用是錾掉或錾断金属，使其达到要求的形状和尺寸。錾削主要用于不便于机械加工的场合，如去除凸缘和毛刺、分割薄板料、錾油槽等。

根据加工需要，錾削主要有扁錾、狭錾和油槽錾三种。

扁錾：它的切削部分扁平，用于錾削大平面、薄板料、清理毛刺等，如图 2-1-21 所示。

狭錾：它的切削刃较窄，用于錾槽和分割曲线板料，如图 2-1-22 所示。

图 2-1-21　扁錾

图 2–1–22　狭錾

油槽錾：它的刀刃很短，并呈圆弧状，用于錾削轴瓦和机床平面上的油槽等，如图 2–1–23 所示。

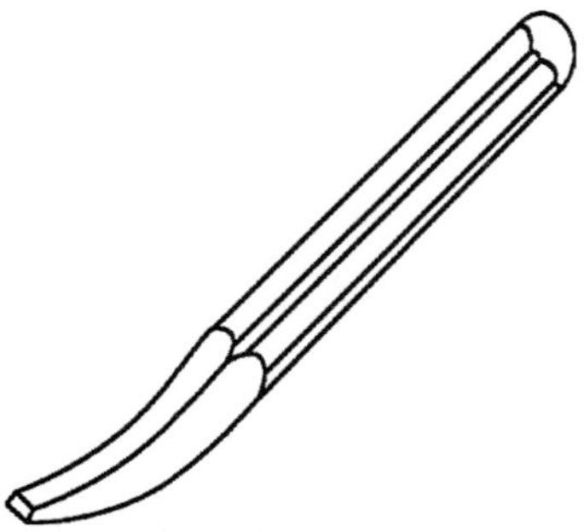

图 2–1–23　油槽錾

（1）錾削操作

起錾时，錾子尽可能向右斜 45° 左右。从工件边缘尖角处开始，并使相对錾削方向向下倾斜 30° 左右，轻敲錾子，可较容易切入材料。起錾后按正常方法錾削。当錾削到工件尽头时，要防止工件材料边缘崩裂，脆性材料尤其需要注意。因此，錾到尽头 10 mm 左右时，必须调头錾去其余部分。

（2）錾削安全操作规程

1）錾子头部的卷边应及时磨去，以免脱落伤手。

2）锤柄松动或损坏，应立即装牢或更换，以免锤子飞出伤人。

3）錾削时应戴上护目镜，并使錾削方向朝安全网，以免切屑飞出伤人。

4）保持正确的錾削角度，若后角太小或錾子放得过平，则錾子容易飞出伤人。

5）工作时錾子、锤子不得对人，以免滑出伤人。

6）锤柄严禁有油污，握锤的手不得戴手套，以免锤子飞出伤人。

二、钳工常用量具、仪表

1. 游标卡尺

游标卡尺是常用的测量长度的仪器，它由尺身及能在尺身上滑动的游标组成，如图 2–1–24 所示。从背面看，游标是一个整体。游标与尺身之间有一弹簧片（图中未画出），利用弹簧片的弹力使游标与尺身靠紧。游标上部有一紧固螺钉，可将游标固定在尺身上的任意位置。尺身和游标都有量爪，利用内测量爪可以测量槽的宽度和管的内径，利用外测量爪可以测量零件的厚度和管的外径。深度尺与游标连在一起，可以测量槽和筒的深度。

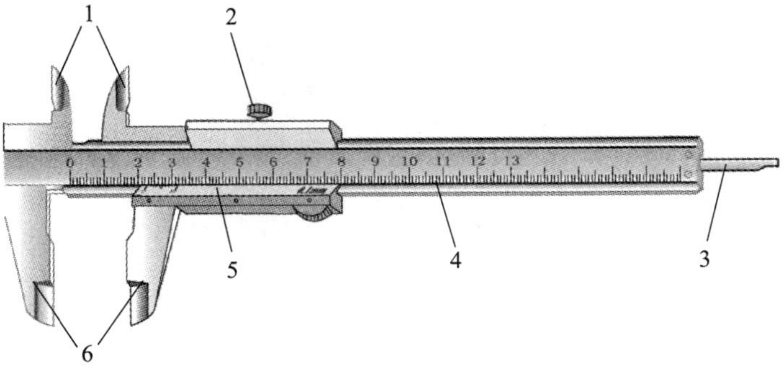

图 2-1-24　游标卡尺

1—内测量爪　2—紧固螺钉　3—深度尺　4—尺身　5—游标　6—外测量爪

（1）游标卡尺的使用

用软布将量爪擦干净，使其并拢，查看游标和尺身的零刻度线是否对齐。如果对齐就可以进行测量，如没有对齐则要记下零误差。游标的零刻度线在尺身零刻度线右侧的叫作正零误差，在尺身零刻度线左侧的叫作负零误差（这种规定方法与数轴的规定一致，原点以右为正，原点以左为负）。

测量时，右手拿住尺身，大拇指移动游标，左手拿待测物体，使待测物位于测量爪之间，当前者与量爪紧紧相贴时，即可读数，如图 2-1-25 所示。

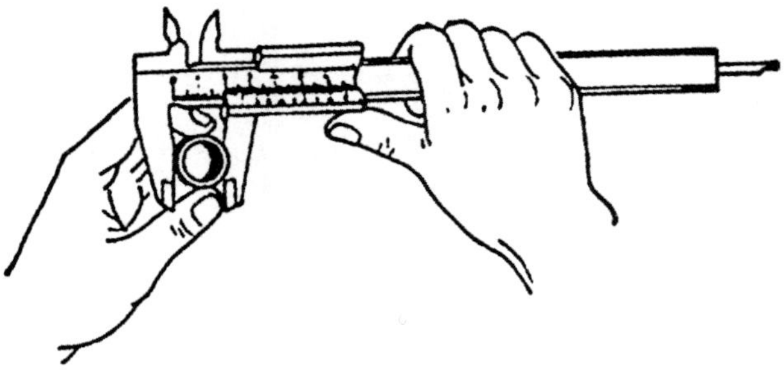

图 2-1-25　游标卡尺的使用

（2）游标卡尺的读数

如图 2-1-26 所示，读数时，首先以游标零刻度线为准在尺身上读取毫米整数，即以毫米为单位的整数部分。然后看游标上第几条刻度线与尺身的刻度线对齐，如第 7 条刻度线与尺身刻度线对齐，则小数部分即为 0.7 mm（若没有正好对齐的线，则取最接近对齐的线进行读数）。如有零误差，则一律用上述结果减去零误差（零误差为负，相当于加上相同大小的零误差），读数结果为：

$$L = 整数部分 + 小数部分 - 零误差$$

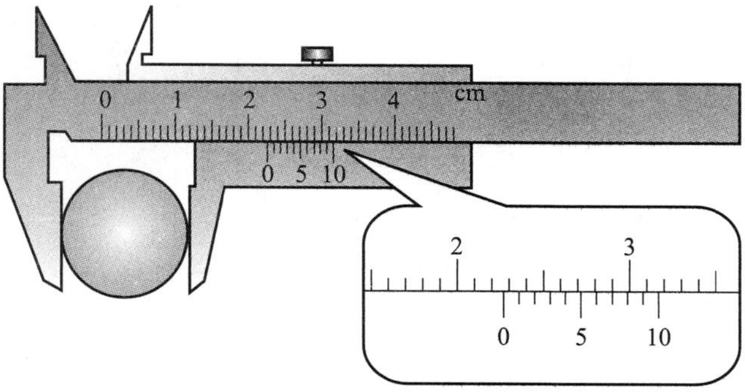

图 2-1-26　游标卡尺的读数

2. 千分尺

千分尺的读数机构由固定套管和微分筒组成。在固定套管口刻有一条纵刻线，作为微分筒读数的基准线，纵刻线上、下方各刻有一排均匀的间距为 1 mm 的刻线，上、下两排刻线的起始点错开 0.5 mm，这样可读得 0.5 mm 数。微分筒一周的刻度为 50 格，当微分筒旋转 1 周时，测微螺杆移动 0.5 mm；当微分筒旋转 1 格时，测微螺杆移动 0.01 mm。故常用千分尺的分度值为 0.01 mm，如图 2-1-27 所示。

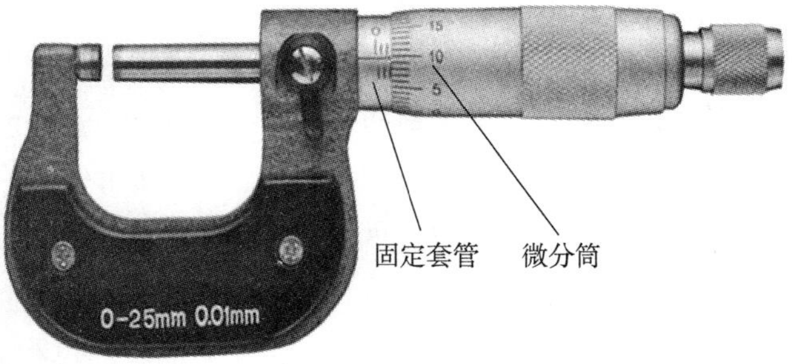

图 2-1-27　千分尺

千分尺的读数方法如下：

（1）测量前对准零位。

（2）测量时利用测力装置使两测量面与被测工件接触。

（3）读尺寸的步骤分为以下三步：

1）从固定套管上露出的刻线读出被测工件的整数和半毫米数部分。

2）在微分筒上由固定套管纵刻线所对准的刻线读出被测工件不足半毫米的小数部分（小于 0.5 mm 的部分），不足 1 格的数，由估数法确定。

3）将两部分的读数相加，即为被测工件的尺寸。如图 2-1-28 所示千分尺的读数为 7+0.375=7.375（mm）。

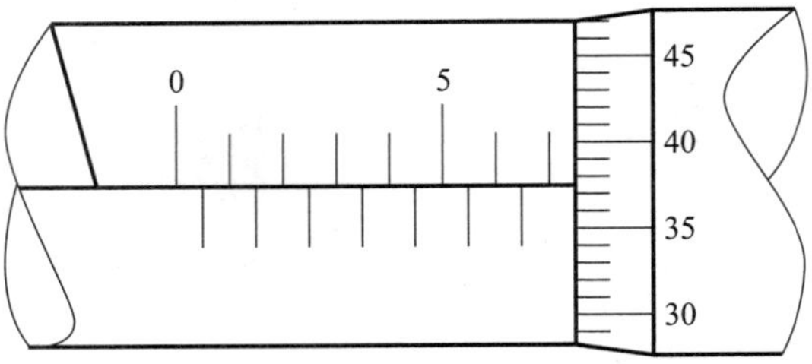

图 2-1-28　千分尺读数

3. 百分表

百分表是一种精度较高的量具，它既能测出相对数值，也能测出绝对数值，主要用于测量形状和位置误差，也可用于机床上安装工件时的精密找正。百分表的分度值为 0.01 mm，其结构原理如图 2-1-29 所示。当测量杆向上或向下移动 1 mm 时，通过齿轮传动系统带动大指针转 1 圈，转数指针（小指针）转 1 格。刻度盘在圆周上有 100 个等分格，每格的读数值为 0.01 mm。小指针每格读数为 1 mm。测量时指针读数的变动量即为尺寸变化量。刻度盘可以转动，以便测量时大指针对准零刻线。

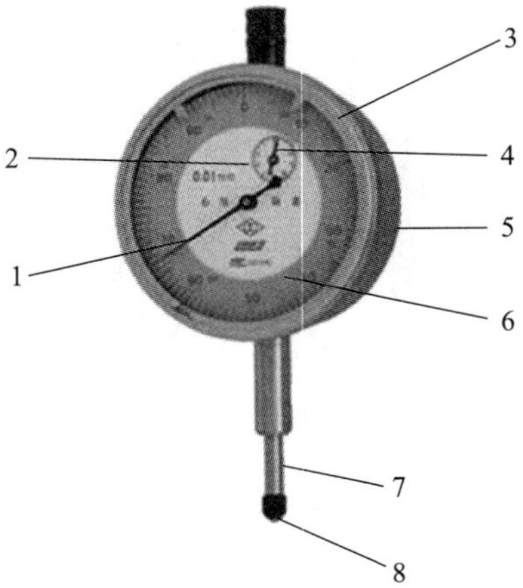

图 2-1-29　百分表

1—大指针　2—转数指示盘　3—表圈　4—转数指针（小指针）　5—表体　6—表盘　7—测量杆　8—测头

百分表的读数方法：先读小指针转过的刻度线（即毫米整数），再读大指针转过的刻度线并估读一位（即小数部分），然后乘以 0.01，最后两者相加，即得到所测量的数值。

三、钳工常用设备

1. 钻床和手电钻

钻孔是指在材料上打眼，所打孔眼用于部件连接、穿线、攻螺纹等目的。常用的钻孔工具是钻床、手持手电钻和手摇钻，在它们上面装有钻头，常为麻花钻。

（1）台式钻床

台式钻床简称台钻，台钻的主轴进给由转动进给手柄实现。台钻小巧灵活，使用方便，结构简单，主要用于加工小型工件上直径小于 13 mm 的各种小孔。在仪表制造、钳工和装配中使用较多，如图 2–1–30 所示。

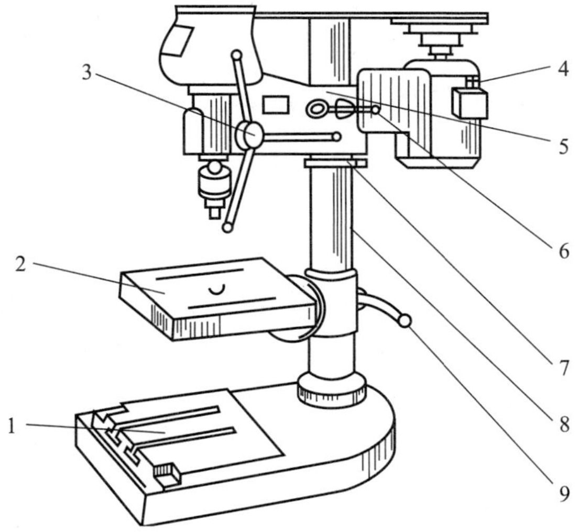

图 2–1–30　台式钻床

1—底座　2—工作台　3—进给手柄　4—电动机　5—主轴架

6—传动带调整锁紧手柄　7—定位环　8—立柱　9—工作台锁紧手柄

（2）立式钻床

立式钻床简称立钻，它刚性好，功率大，允许采用较大的切削用量，生产率较高，加工精度也较高，适用于钻孔、扩孔、锪孔、铰孔和攻螺纹等加工，如图 2–1–31 所示。

（3）摇臂钻床

摇臂钻床的摇臂可绕立柱回转到所需位置后锁定，主轴箱带着主轴可在摇臂上水平移动，摇臂可沿着立柱做上下运动。它可以自动，也可以手动，如图 2–1–32 所示。

图 2–1–31　立式钻床

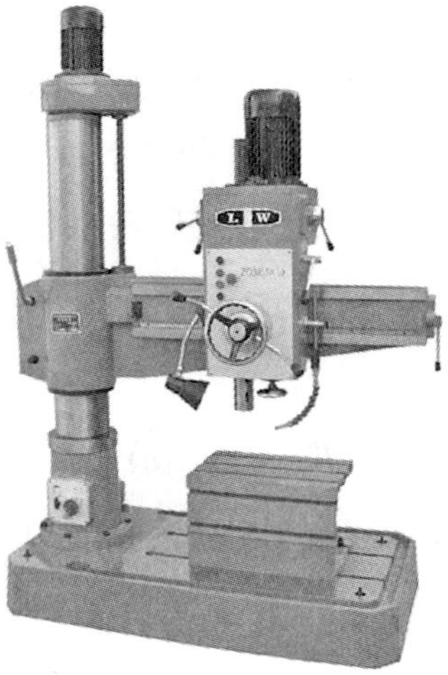

图 2–1–32　摇臂钻床

（4）手电钻

手电钻就是以交流电源或直流电池为动力的钻孔工具，是手持式电动工具的一种，如图 2–1–33 所示。手电钻主要由钻夹头、输出轴、齿轮、转子、定子、机壳、开关和电缆线等构成。当装有正反转开关和电子调速装置后，可用作电动旋具。有的型号的手电钻配有充电电池。

2. 磨光机

磨光机是用来进行金属表面打磨处理的一种电动工具，如图 2–1–34 所示。磨削作业时，应使砂轮与工作面保持 15° ~ 30° 的倾斜位置；作业中应注意声响及温升，发现异常应立即停机检查。严禁超载使用。

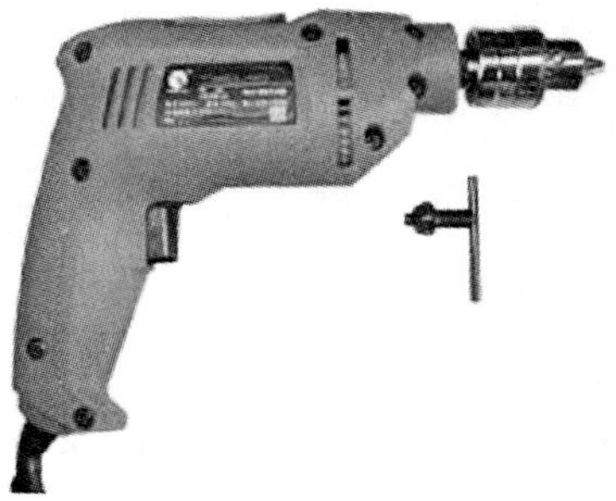

图 2–1–33　手电钻

图 2–1–34　磨光机

3. 砂轮机

砂轮机是用来刃磨各种刀具、工具的常用设备，也用于对普通小零件进行磨削、去毛刺及清理等工作。如图 2–1–35 所示，其主要由基座、砂轮、电动机或其他动力源、托架、防护罩和给水器等所组成。砂轮机可分为手持式砂轮机、立式砂轮机、悬挂式砂轮机、台式砂轮机等。

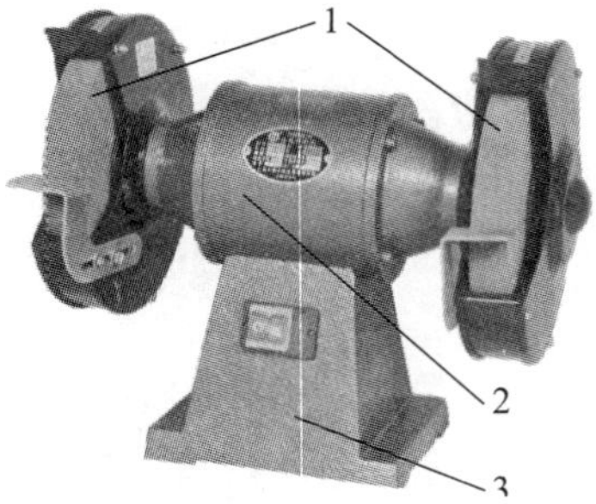

图 2–1–35　砂轮机

1—砂轮　2—电动机　3—基座

四、钳工常用劳动防护用品

1. 头部防护用品

头部防护用品是指用于保护头部，防止撞击、挤压伤害，防物料喷溅，防粉尘等的护具，常用的主要有防冲击安全帽（如玻璃钢、塑料、橡胶、胶纸和竹藤安全帽）、防寒帽、防尘帽、防冲击面罩等。

2. 呼吸器官防护用品

呼吸器官防护用品是预防尘肺和职业病的重要防护用品，常用的主要有带阀防尘口罩、活性炭防尘口罩、通风头罩等。

3. 眼（面）部防护用品

眼（面）部防护用品用以保护作业人员的眼睛、面部，防止外来伤害，常用的眼（面）部防护用品分为焊接用眼护具、炉窑用眼护具、防冲击眼护具、微波防护具、防激光护镜以及防 X 射线、防化学、防尘等眼护具。

4. 听觉器官防护用品

长期在 90 dB（A）以上或短时在 115 dB（A）以上环境中工作时，应使用听觉器官防护用品。常用的听觉器官防护用品有耳塞、耳罩和帽盔三类。

5. 防护鞋

防护鞋用以防止足部伤害，有防滑鞋、防滑鞋套、防静电安全鞋、钢头防砸鞋等。

6. 防护手套

防护手套用于手部保护，主要有耐酸碱手套、电工绝缘手套、电焊手套、防 X 射线手套、石棉手套、丁腈手套等。

7. 防护服

防护服用于保护职工免受劳动环境中的物理、化学因素的伤害。防护服分为特殊防护服和一般作业服两类。

五、装配钳工操作基础知识

1. 装配的概念

任何一台机器设备都是由许多零件所组成，将若干合格的零件按规定的技术要求组合成部件，或将若干个零件和部件组合成机器，并经过调整、试验等成为合格产品的工艺过程称为装配。装配是机器制造中的最后一道工序，它是保证机器达到各项技术要求的关键。装配工作的好坏，对产品的质量起着重要的作用。

2. 装配的工艺过程

装配有组件装配、部件装配和总装配之分，整个装配过程要按次序进行。

（1）组件装配

将若干零件安装在一个基础零件上而构成组件，如 1 500 kW 风力发电机组中的变桨驱动总成是由变桨驱动支架、变桨减速器、变桨电动机、变桨驱动轮等零件装配而成的组件。

（2）部件装配

将若干个零件、组件安装在另一个基础零件上而构成部件（独立机构），如 1 500 kW 风力发电机组中的叶轮是由变桨轴承、变桨驱动总成、变桨控制柜、导流罩、叶片等组成的部件。

（3）总装配

将若干个零件、组件、部件组合成整台机器的操作过程称为总装配，如 1 500 kW 风力发电机组是由塔架、机舱、发电机、叶轮组成的。

3. 典型组件装配方法

（1）螺钉、螺母的装配

螺钉、螺母的装配是用螺纹的连接装配，它在机器制造中广泛使用。具有装拆、更换方便，易于多次装拆等优点。螺钉、螺母装配中的注意事项如下：

1）螺纹配合应做到用手能自由旋入，过紧会咬坏螺纹，过松则受力后螺纹会断裂。

2）螺母端面应与螺纹轴线垂直，以便受力均匀。

3）装配成组螺钉、螺母时，为保证零件贴合面受力均匀，应按一定顺序旋紧（紧对角），并且不要一次完全旋紧，应按次序分两次或三次旋紧。

4）对于在变载荷和振动载荷下工作的螺纹连接，必须采用防松装置。

（2）滚动轴承的装配

滚动轴承的装配多数为较小的过盈配合，装配时常用锤子或压力机压装。轴承装配到轴上时，应通过垫套施力于内圈端面上；轴承装配到机体孔内时，则应施力于外圈端面上；若轴承同时压到轴上和机体孔中时，则内、外圈端面应同时加压。如果没有专用垫套时，也可用锤子、铜棒沿着轴承端面四周对称均匀地敲入，用力不能太大。

如果轴承与轴是较大过盈配合时，可将轴承吊放到 80～90℃的热油中加热，然后趁热装配。

4. 拆卸工作的要求

（1）机器拆卸工作应按其结构的不同，预先考虑操作顺序，以免先后倒置。切忌贪图省事猛拆猛敲，造成零件的损伤或变形。

（2）拆卸的顺序应与装配的顺序相反。

（3）拆卸时，使用的工具必须保证对合格零件不会造成损伤，严禁用锤子直接在零件的工作面上敲击。

（4）拆卸时，零件的旋松方向必须辨别清楚。

（5）拆下的零部件必须有次序、有规则地放好，并按原来的结构套在一起，配合件上做记号，以免搞乱。对丝杠、长轴类零件必须将其吊起，防止变形。

5. 扳手类装配工具

常见的扳手包含呆扳手、梅花扳手、两用扳手、活扳手、套筒扳手、扭力扳手、钩头扳手、内六角扳手等。

6. 套筒类装配工具

套筒类装配工具包括六角套筒、梅花套筒、加长六角套筒、加长梅花套筒、活节套筒、转换接头、延长杆、旋具套筒、气动重型套筒等，如图 2-1-36 所示。

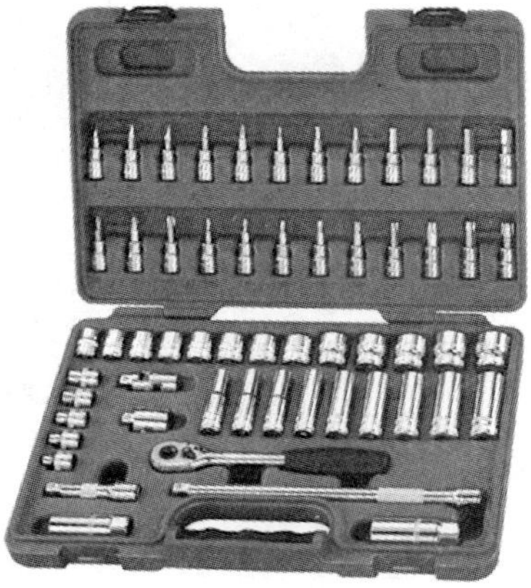

图 2-1-36　套筒

使用注意事项：注意区分气动套筒及普通套筒的区别，普通手动套筒如果用于气动扳手，容易造成套筒方孔打滑，严重时套筒壁会产生裂痕、爆开等现象。使用延长接杆或活节套筒时，注意此类型产品可用于多角度使用，但可承受的扭力比普通此类型的产品小，勿将其作为一般产品使用。使用棘轮扳手时，应根据螺栓规格选用合适的套筒及棘轮扳手，使用过程中不可加用延长杆或使用铁锤及硬物等进行敲击。

课程 2-2　汽车常用材料及配件

学习内容

学习单元	课程内容	培训建议	课堂学时
汽车常用材料及配件	1）汽车常用金属材料的种类、性能及应用 2）汽车常用非金属材料的种类、性能及应用 3）燃料的牌号、性能及选用 4）润滑油、润滑脂的牌号、性能及使用 5）常用工作液的牌号、性能及使用 6）汽车轮胎的规格、分类及使用 7）轴承的类型、结构 8）紧固件的种类与代号	（1）方法：讲授法、演示法 （2）重点与难点：汽车常用材料的正确选用	4

学习单元　汽车常用材料及配件

一、汽车常用金属材料的种类、性能及应用

金属材料分为黑色金属材料和有色金属材料两大类。汽车常用金属材料分类见

表 2–2–1。

表 2–2–1　汽车常用金属材料分类

<table>
<tr><td rowspan="6">金属材料</td><td rowspan="3">黑色金属</td><td rowspan="2">钢</td><td>碳素钢</td><td>碳素结构钢、碳素工具钢</td></tr>
<tr><td>合金钢</td><td>合金结构钢、合金工具钢、特殊用途钢</td></tr>
<tr><td>铸铁</td><td colspan="2">灰铸铁、球墨铸铁、可锻铸铁</td></tr>
<tr><td rowspan="3">有色金属</td><td>铝及铝合金</td><td colspan="2">变形铝合金、铸造铝合金</td></tr>
<tr><td>铜及铜合金</td><td colspan="2">青铜、黄铜、白铜、铸造铜合金</td></tr>
<tr><td>镁及镁合金</td><td colspan="2">铸造镁合金、压铸镁合金</td></tr>
</table>

1. 碳素钢的牌号、性能及应用

钢是碳的质量分数在 2.11% 以下的铁碳合金。钢的分类方法较多，但主要分为碳素钢和合金钢两大类。

碳素钢可分为碳素结构钢和优质碳素结构钢。

（1）碳素结构钢

碳素结构钢常用于制造受力不大、不重要也不复杂的零件，如螺钉、螺母、垫圈、推杆、制动杆、车轮轮毂等。

（2）优质碳素结构钢

优质碳素结构钢的用途见表 2–2–2。

表 2–2–2　优质碳素结构钢的用途

钢号	主要性能	应用举例
08F、10、10F、15、20、25	具有良好的塑性、韧性、可焊性和冷加工成形性。由于含碳量低，可用作渗碳件	制造冲压件（制动气室外壳、消声器外壳）、焊接件及渗碳件（齿轮、凸轮、拉杆）、紧固零件（螺栓、垫圈、铆钉等）
30、35、40、45、50、55	强度较高，并有一定的塑性和韧性。可焊性较差，使用时大都经调质处理	制造负荷较大的调质零件，如连杆、曲轴、机油泵传动齿轮、活塞销、凸轮等
60、65、70、75	强度、硬度高，塑性、韧性差，经淬火和中温回火后塑性改善	用于截面尺寸较大而且比较重要的弹簧、轴、销等的制造

2. 合金钢的牌号、性能及应用

在优质碳素钢中加入一种或多种合金元素，以改善钢的某种性能，称为合金钢。优质碳素钢中常加入的合金元素有 Si、Mn、Cr、Ni、W、V、Mo、Ti 等。

合金钢根据用途分为合金结构钢、合金工具钢和特殊性能钢三大类。合金结构钢具有较高的强度和良好的韧性，在汽车上主要用于制造受热、受磨损和冲击载荷较剧烈的零件。

主要用途为：

40Cr：常用来制造气门、气缸盖螺栓、车轮螺栓、半轴和重要齿轮等。

18CrMnTi：常用来制造变速器齿轮、主传动锥齿轮等。

40MnB：可代替 40Cr 钢制造转向节、半轴、花键轴等。

60Si2Mn：用来制造钢板弹簧等。

3. 铸铁的牌号、性能及应用

铸铁具有良好的可铸性、耐磨性和切削性。凡力学性能要求不高、形状复杂、锻制困难的零件多用铸铁制造，如气缸体、后桥壳、飞轮、制动鼓等。

铸铁按生产方法和组织性能可分为灰铸铁、球墨铸铁、可锻铸铁等。其牌号、主要性能及用途见表 2-2-3。

表 2-2-3 常用铸铁材料的牌号、主要性能及用途

名称	牌号	主要性能	用途
灰铸铁（HT）	由“HT”及后面的一组数字组成，数字表示其最低抗拉强度	脆性大、塑性差、焊接性差；铸造性好，易切削。具有消振和润滑作用	制造气缸体、气缸盖、飞轮和制动鼓等
球墨铸铁（QT）	由“QT”和两组数字组成，分别表示最低抗拉强度和断后伸长率	强度较高，韧性比灰铸铁有较大改善。有较良好的铸造性、耐磨性、减振性和切削性	制造曲轴、凸轮轴和前、后桥壳
可锻铸铁（KT）	由“KTH”“KTB”或“KTZ”及两位数字组成，“KT”是可锻铸铁的代号，“H”“B”“Z”分别表示“黑心”“白心”及“珠光体”，两组数字的含义同球墨铸铁	具有较高的塑性和韧性，强度较好，能承受一定的冲击载荷。但铸造工艺较复杂	制造桥壳、轮、制动踏板、活塞环、齿轮轴、摇臂、转向机构等

4. 铝及铝合金

（1）纯铝

铝是银白色的金属，密度小（2.7 g/cm³），熔点低于 660℃，具有良好的导电性和导热性，主要用于制造电线、电缆等。

（2）铝合金

纯铝中加入 Si、Cu、Mg、Mn 等合金元素后，可得到强度较高、耐蚀性较好的铝合金。铝合金分为变形铝合金（或称压力加工铝合金）和铸造铝合金两类。

1）变形铝合金。适用于压力加工的铝合金称为变形铝合金。常用变形铝合金的牌号和用途如下：

①防锈铝合金用“LF”加顺序号表示，如 LF5、LF12 等，用来制造热交换器、壳体等。

②硬铝合金用“LY”加顺序号表示，如 LY1、LY11 等，在飞机制造中应用较广。

③锻铝合金用“LD”加顺序号表示，用于制造高温件，如活塞、气缸盖等。

2）铸造铝合金。常用来制造内燃机活塞、气缸体、水冷的气缸盖、气缸套、风扇叶片、电动机和仪表外壳等。

5. 铜及铜合金

（1）纯铜

纯铜外观呈紫红色，故又称紫铜。纯铜的导电性、导热性、耐蚀性、塑性好，主要用于制造导电器材。

（2）铜合金

铜合金有黄铜、青铜和白铜三种。黄铜主要用来制造导管、热交换器、散热片及导电、冷冲压、冷挤压零件和其他结构零件（如销、螺钉、螺母、衬套、垫圈等）。青铜主要用于制造轴承、轴套等耐磨零件和弹簧等弹性元件。

二、汽车常用非金属材料的种类、性能及应用

非金属材料包括高分子材料、陶瓷材料、复合材料。

1. 高分子材料

高分子材料又分为工程塑料、合成纤维、橡胶、胶粘剂、涂料。

（1）工程塑料

工程塑料的强度、韧性和耐磨性较好，具有价廉、耐蚀、降噪、美观、质轻等特点，用于制作汽车保险杠、汽车内饰件、高档车用安全玻璃、仪表板等零部件。

（2）合成纤维

合成纤维是一种由单体聚合而成、具有很高强度的高分子材料，如尼龙、聚酯等，用于制作汽车坐垫、安全带、内饰件等。

（3）橡胶

橡胶具有较高的弹性和一定的强度，优异的抗疲劳性能，良好的耐磨、绝缘、隔声、防水、缓冲、吸振等特点，用于制造汽车的轮胎、防振橡胶、软管、密封带、传动带等零部件。

（4）胶粘剂

胶粘剂起到黏结、密封等作用。

2. 陶瓷材料

陶瓷材料分为陶瓷和玻璃，陶瓷用于制造火花塞、传感器等；玻璃用于制造汽车门窗玻璃等。

3. 复合材料

复合材料包括非金属基复合材料和金属基复合材料，用于制造汽车车顶导流板、风窗窗框等车身外装板件。

三、燃料的牌号、性能及选用

1. 汽油的牌号、性能及选用

汽油由石油分馏或重质馏分裂化所制得。原油蒸馏、催化裂化、热裂化、加氢裂化、催化重整等过程都产生汽油组分。但从原油蒸馏装置直接生产的直馏汽油，不能单独作为发动机燃料，而是将其精制、调配，有时还加入添加剂（如抗爆剂四乙基铅）以制得商品汽油。

（1）汽油的使用性能

汽油的使用性能包括蒸发性、抗爆性、安定性、防腐性和清洁性等。

1）蒸发性。汽油的蒸发性是指汽油从液体状态转化为气体状态的性能。汽油的蒸发性越好，就越容易汽化而形成品质良好的可燃混合气，保证发动机在低温条件下也能顺利启动和正常工作。但是汽油的蒸发性太好可能在油管中形成气泡，产生“气阻”。所以要求汽油的蒸发性要适当。

2）抗爆性。汽油的抗爆性是指汽油在各种使用条件下不发生爆燃的能力。车用汽油的抗爆性用辛烷值表示。辛烷值越高，抗爆性越好。

3）安定性。汽油的安定性是指汽油在正常的储存和使用条件下，避免氧化生胶的能力。当汽油胶质过高时，会在燃烧过程中产生胶质、积炭，从而损坏发动机，严重时冷、热车均会发生发动机异响，造成车辆动力严重不足。

4）防腐性。汽油的防腐性是指防止汽油腐蚀金属的能力。

5）清洁性。汽油的清洁性是指汽油中是否含有机械杂质和水分。

（2）汽油牌号及选用

国产汽油的牌号是按其辛烷值的高低来划分的。如97号汽油，就是97%的异辛烷，3%的正庚烷。辛烷值越高，其抗爆性能越好。汽油牌号有90、92、93、95、97、98等。

汽油标号的高低只是表示汽油辛烷值的大小，选用汽油时应根据发动机压缩比的不同来选择不同标号的汽油。压缩比在8.5~9.5之间的中档轿车一般应使用93号汽油，压缩比大于9.5的轿车应使用97号汽油。目前国产轿车的压缩比一般都在9以上，最好使用93号或97号汽油。

高压缩比的发动机如果选用低标号汽油，会使气缸温度剧升，汽油燃烧不完全，机器强烈振动，从而使输出功率下降，机件受损。低压缩比的发动机选用高标号汽油，就会出现“滞燃”现象，一样会出现燃烧不完全，对发动机也没有好处。

2. 柴油的性能、牌号及选用

柴油是一种轻质石油制品，为压燃式发动机（即柴油机）燃料，是复杂的烃类（碳原子数为10~22）混合物。柴油主要由原油蒸馏、催化裂化、热裂化、加氢裂化、石油焦化等过程生产的柴油馏分调配而成（必要时还经精制和加入添加剂），也可以由页岩油加工和煤液化制取。

（1）柴油的使用性能

柴油的使用性能包括柴油的发火性、蒸发性、低温流动性、黏度、安定性、防腐性和清洁性等。

1）发火性。柴油的发火性是指柴油自燃的能力，用十六烷值来表示。

2）蒸发性。柴油机的低温启动性、工作可靠性、燃料经济性均与柴油的蒸发性有关。喷入燃烧室中的柴油是在汽化以后着火燃烧的，从燃料喷入燃烧室到开始燃烧这一段时间内，燃料的蒸发速度与燃料的蒸发性有很大关系，而蒸发速度对柴油机混合气形成速度影响很大。

3）低温流动性。柴油的低温流动性用凝点来表示。凝点是指在规定条件下柴油失去流动能力时的温度值。

4）黏度。黏度是表示油料稀稠度的一项指标，黏度随温度的变化而变化。温度高时，油料变稀，黏度变小；反之，温度低时，油料变稠，黏度变大。

（2）柴油的牌号及选用

1）柴油的牌号。国产柴油按凝点分为六种牌号，即 10 号、0 号、–10 号、–20 号、–35 号和 –50 号。

2）柴油的选用。选用时，应根据地区气温，选用不同牌号的柴油，并随季节变化而适时更换。使用地区气温低时，应选用凝点较低的柴油；反之，则应选用凝点较高的柴油。为保证车用柴油机能正常工作，选用柴油的凝点应低于季节最低温度 3 ~ 5℃。

四、润滑油、润滑脂的牌号、性能及使用

1. 机油牌号、性能及使用

机油是发动机润滑油的简称，能对发动机起到润滑、清洁、冷却、密封、减摩等作用。

（1）使用性能

1）润滑性。在各种条件下，发动机机油具有降低摩擦、减缓磨损和防止金属烧结的能力，这种能力叫作润滑性。发动机机油的黏度是评定润滑性的重要指标。

2）低温操作性。从发动机机油方面保证发动机在低温条件下容易启动和可靠供油的性能，叫作发动机机油的低温操作性。发动机机油的低温操作性包括有利于低温启动和降低启动磨损两方面。评定发动机机油低温操作性的指标主要有低温动力黏度、边界泵送温度和倾点。

3）黏温性。机油由于温度升降而改变黏度的性质，叫作黏温性。良好的黏温性，是指油品的黏度随温度的变化程度小。温度对油品黏度的影响：温度升高，黏度降低；温度降低，黏度升高。在基础油中加入黏度指数改进剂可提高油品的黏温性。用低黏度的基础油和黏度指数改进剂调配而成，具有良好的黏温性，能同时满足低、高温使用工况要求的发动机，叫作稠化机油或通常说的多级油。评定发动机机油黏温性的指

标是黏度指数。

4）清净分散性。发动机机油能抑制积炭、漆膜和油泥生成或将这些沉积物清除的性能，叫作发动机机油的清净分散性。发动机机油基础油本身不具备清净分散性，而是通过添加清净剂和分散剂获得的。机油的清净分散性主要通过相应的发动机试验来评定。

5）氧化安定性。在一定条件下，发动机机油抵抗氧化变质的能力，叫作发动机机油的氧化安定性。

6）防腐性。发动机机油抵抗腐蚀性物质对金属腐蚀的能力，叫作发动机机油的防腐性。评定发动机机油防腐性的指标是中和值，同时通过相应的发动机试验来评定。

7）抗泡性。发动机机油消除泡沫的性质，叫作发动机机油的抗泡性。当发动机机油受到激烈搅动，将空气混入油中时，就会产生泡沫。泡沫如果不及时消除，会产生“气阻”、供油不足等故障。

（2）分类和牌号

目前机油的分类大多采用 API（American Petroleum Institute，美国石油学会）性能分类法和 SAE（Society of Automotive，美国机动车工程师学会）黏度分类法两种。性能分类法根据使用场合和使用对象将机油分为 S 类和 C 类。S 类为汽油机油，其中包括 SA、SB、SC、SD、SE、SF、SG 和 SH 8 个级别。C 类为柴油机油，其中包括 CA、CB、CC、CD、CE 5 个级别。黏度分类法根据所测定的黏度，将机油分为 0W、5W、10W、15W、20W、25W、20、30、40、50 牌号。

我国的机油分类法参照 ISO（International Organization for Standardization，国际标准化组织）分类方法，按机油的性能和使用场合将机油分为汽油机油、柴油机油和二冲程汽油机油。汽油机油有 SC、SD、SE、SF、SG、SH 6 个级别；柴油机油有 CC、CD、CD-II、CE、CF-4 5 个级别；二冲程汽油机油有 ERA、ERB、ERC 和 ERD 4 个级别。

每一种使用级别又有若干种单一黏度等级和多黏度等级的机油牌号，举例如下：

SC 级汽油机油按黏度分为 5W/20、10W/30、15W/40、30 和 40 等牌号。

SD 级汽油机油按黏度分为 5W/30、10W/30、15W/40、30 和 40 等牌号。

SF 级汽油机油按黏度分为 5W/30、10W/30、-5W/40、30 和 40 等牌号。

CC 级柴油机油按黏度分为 5W/30、5W/40、10W/30、10W/40、15W/40、20W/40、30、40 和 50 等牌号。

CD 级柴油机油按黏度分为 5W/30、10W/30、10W/40、15W/40、20W/40、30、40 等牌号。

机油牌号中，在数字后面带字母“W”的代表低温系列，数字表示黏度等级，字母“W”表示冬季用机油；不带字母的数字代表普通系列。其中，15W/30 称为多黏度等级机油，表示该机油黏度特性良好，可四季通用。

（3）选用

发动机机油的选用，主要依据汽车使用说明书的要求。在没有说明书的情况下，一个是根据使用场合和使用条件确定它的性能等级；另一个是根据环境温度确定黏度等级。

汽油机油性能等级的选择，主要考虑发动机机型。气缸的有效压力越高，发动机的转速越高，对发动机机油性能等级的要求也越高。

柴油机油性能等级的选择，主要根据柴油机的强化系数。

2. 齿轮油牌号、性能及使用

齿轮油是以石油润滑油基础油或合成润滑油为主，加入极压抗摩剂和油性剂调制而成的一种重要的润滑油。用于各种齿轮传动装置，以防止齿面磨损、擦伤、烧结等，延长其使用寿命，提高传递功率的效率。

（1）性能

齿轮油应具有良好的抗摩、耐负荷性能和合适的黏度。此外，还应具有良好的热氧化安定性、抗泡性、水分离性能和防锈性能。由于齿轮负荷一般都在 490 MPa 以上，而双曲线齿面负荷更高达 2 942 MPa，为防止油膜破裂造成齿面磨损和擦伤，在齿轮油中常加入极压抗摩剂，普遍采用硫—磷或硫—磷—氮型添加剂。齿轮油的用量占润滑油总量的 6% ~ 8%。

（2）分类和牌号主要指标

参照美国 API（美国石油学会）提出的齿轮油性能分类，我国齿轮油分为普通车辆齿轮油（GL–3）、中负荷车辆齿轮油（GL–4）、重负荷车辆齿轮油（GL–5）三级。采用美国汽车工程师学会（SAE）黏度分类法，分为 70W、75W、80W、85W、90、140、250 七个黏度等级，其中字母“W”代表冬季用油，如 SAE70W、75W、80W、85W 为冬季用油；无字母“W”则为非冬季用油，如 90、140 均为非冬季用油。

（3）选用

汽车齿轮油的选用主要是依据汽车使用说明书的要求。在没有说明书的情况下，应根据汽车齿轮传动的种类及传动工作负荷、使用条件和环境温度来确定齿轮油的等级和黏度等级。

3. 润滑脂的性能、牌号及使用

润滑脂俗称黄油，是一类由润滑油（包括合成润滑油）加入稠化剂和石油产品添加剂而制得的固体或半流体的润滑剂。润滑脂具有较好的润滑性、可塑性和一定的黏附性。

（1）性能

润滑脂的主要性能有稠度、低温性能、高温性能和抗水性等。

（2）分类及使用

按制备润滑脂的稠化剂类型，润滑脂可分为烃基脂、皂基脂、有机脂和无机脂等。皂基脂在工业上广泛使用，数量占润滑脂总产量的 90%左右，其中以钙基脂、钠基脂、复合铝基脂、锂基脂为主要品种。钙基脂由于耐水和价廉故使用较广，主要用于车体底盘和滚动轴承；钠基脂的机械安定性好，滴点高，适用于轴承；锂基脂因具有良好的耐热性、抗水性及机械安定性，近 20 年来发展很快，作为工业及航空通用脂，得到广泛使用；复合铝基脂是近年来发展起来的一种各项性能较好的品种，可供高温部位润滑使用。

五、常用工作液的牌号、性能及使用

1. 制动液的牌号、性能及使用

制动液是汽车液压制动系统中传递制动压力的液态介质，主要用于采用液压制动系统的车辆中。

对制动液的性能要求如下：

（1）黏温性好，凝固点低，低温流动性好。

（2）沸点高，高温下不产生气阻。

（3）使用过程中品质变化小，并且对金属件和橡胶件无腐蚀。

制动液根据组成和特性，一般分为醇型、醇醚型、脂型、矿油型和硅油型五种。合成型制动液常用 HZY2、HZY3 和 HZY4 三个牌号。

2. 防冻液的牌号、性能及使用

防冻液主要用于液冷式发动机冷却系统，具有冬天防冻，夏天防沸，全年防水垢、防腐蚀等优良性能。现国内外有 95% 以上使用乙二醇的水基型防冻液。与水相比，乙二醇最显著的特点是防冻，而水不能防冻。其次，乙二醇沸点高，挥发性小，黏度适中并且随温度变化小，热稳定性好，因此，是一种理想的防冻液。

六、汽车轮胎的规格、分类及使用

1. 轮胎的分类

（1）根据气压高低不同可分为高压轮胎（5 ~ 7 kg/cm^2，即 0.49 ~ 0.67 MPa）、低压轮胎（2 ~ 5 kg/cm^2，即 0.196 ~ 0.49 MPa）、超低压轮胎［小于 2 kg/cm^2（0.196 MPa）］。

（2）根据花纹不同可分为普通花纹轮胎、混合花纹轮胎、越野花纹轮胎。

（3）根据有无内胎可分为有内胎轮胎、无内胎轮胎。

（4）根据帘线材料不同可分为人造丝帘线轮胎、棉帘线轮胎、尼龙帘线轮胎、钢丝帘线轮胎。

（5）根据帘线排列方式的不同可分为普通斜交轮胎、子午线轮胎。

（6）按轮辋宽度不同可分为标准宽轮胎、宽轮辋轮胎。

2. 轮胎的规格及使用

（1）带有扁平率和功用标识的轮胎规格表示方法

对于一般汽车轮胎，B（轮胎断面宽度）=H（轮胎断面高度），断面呈圆形。但扁平轮胎断面 $H<B$，有的甚至差别很大，因此，必须加以表示。通常以轮胎断面高度 H 和宽度 B 的比值 H/B（以百分比表示）作为一个参数标注在轮胎上，称为扁平率；也有的把用途标在最前面，如图 2–2–1 所示。

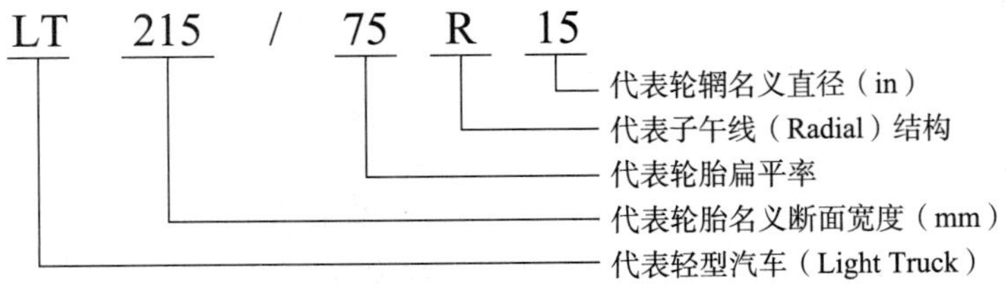

图 2–2–1　带扁平率的轮胎规格

（2）带有速度等级标识和负荷指数等级的轮胎规格表示方法

有的轮胎还标出所适用的车速，例如，195/60R14 86H 表示轿车用轮胎，名义断面宽度为 195 mm、扁平率为 60、轮辋名义直径为 14 in 的子午线轮胎，“86”为负荷指数，“H”表示最高限速为 210 km/h。

七、轴承的类型、结构

轴承是通过与轴颈接触，支承轴及轴上零件的重要部件。它能保证轴的旋转精度，减少相对转动零件之间的摩擦和磨损。合理选择和使用轴承对机器的使用性能、延长使用寿命有着十分重要的意义。

根据轴与轴承工作表面间的摩擦性质不同，轴承可分为滑动轴承和滚动轴承两大类。

1. 滑动轴承的类型、结构

轴与轴承工作表面只存在滑动摩擦的轴承称为滑动轴承。滑动轴承径向尺寸小，结构简单，便于安装；滑动轴承与轴之间接触面积较大，具有可承受较大压力和较高转速，抗冲击能力强等优点，但由于摩擦损耗较大，轴向结构不紧凑，使其润滑建立和维护困难。一般滑动轴承的润滑均采用半液体润滑。滑动轴承主要由轴承座、轴瓦或轴套组成。

根据所受载荷方向不同，滑动轴承可分为径向滑动轴承（承受径向载荷）、止推滑动轴承（承受轴向载荷）和径向止推滑动轴承（同时承受轴向载荷和径向载荷）三种，如图 2–2–2 所示。

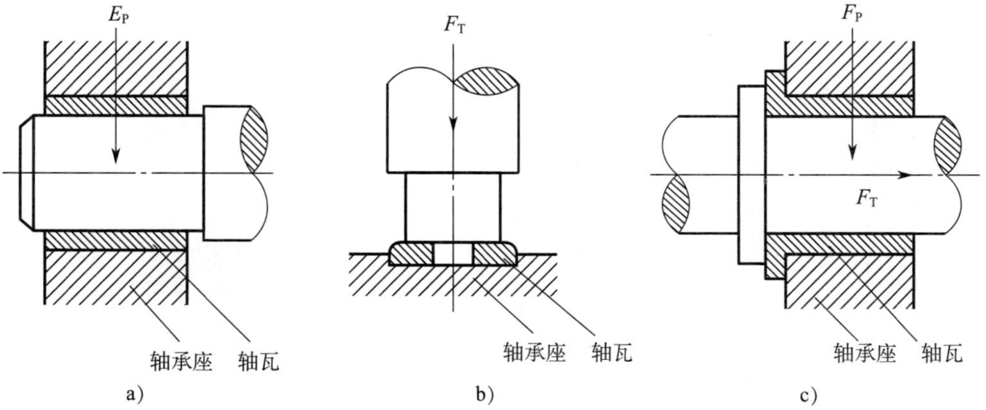

图 2–2–2　滑动轴承的类型

a）径向滑动轴承　b）止推滑动轴承　c）径向止推轴承

2. 滚动轴承的类型、结构

滚动轴承用滚动摩擦代替滑动摩擦，摩擦阻力小、旋转精度高。它主要由内圈、外圈、滚动体、保持架四部分组成。

按承受载荷方向不同，滚动轴承可分为向心轴承、推力轴承、向心推力轴承三类。

八、紧固件的种类与代号

紧固件主要有键、销、螺纹紧固件三种。

1. 键

键是标准件，主要用于轴与轴上零件（齿轮、带轮、凸轮等）的连接，实现周向固定，并传递转矩，有的还能实现轴上零件的轴向固定或轴向滑动的导向，如图 2-2-3 所示。

键一般用 45 钢制成，常用的键连接类型有平键连接、半圆键连接、楔键连接、切向键连接和花键连接等。

图 2-2-3 键连接

2. 销

销连接主要用于确定零件之间的相互位置，并可传递不大的载荷，也可用于轴与轮毂或其他零件的连接。根据销的不同形状，可以将其分成圆柱销、圆锥销和特殊形式的销，如图 2-2-4 所示。

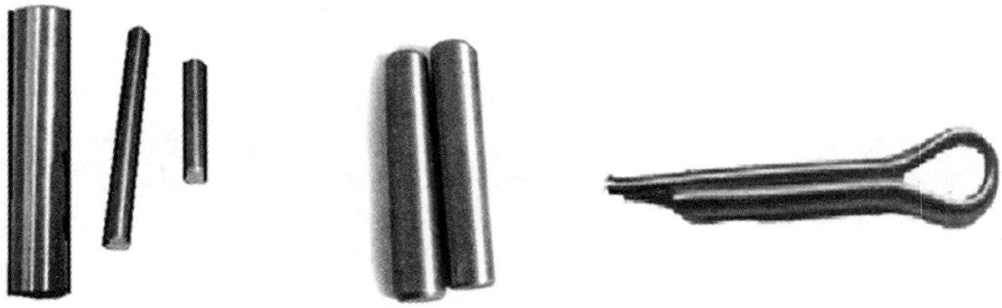

a） b） c）

图 2-2-4 销的种类

a）圆柱销 b）圆锥销 c）开口销

3. 螺纹紧固件

螺纹是在圆柱或圆锥外表面上沿着螺旋线所形成的具有规定牙型的连续凸起。在圆柱表面形成的螺纹称圆柱螺纹（见图 2-2-5），在圆锥表面形成的螺纹称圆锥螺纹。

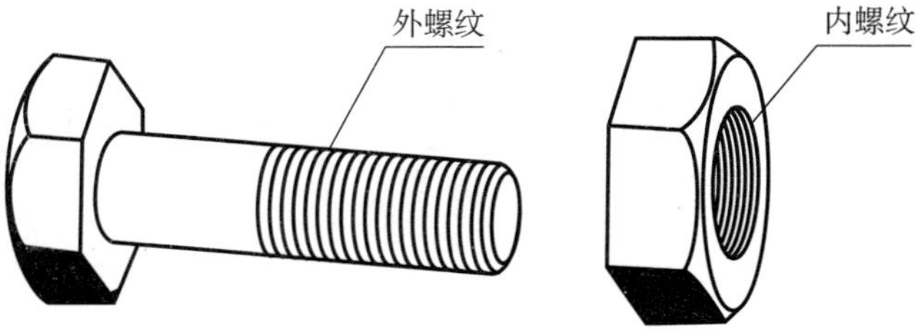

图 2-2-5　螺纹连接

螺纹紧固件品种很多，大都已标准化。常用的标准螺纹紧固件有螺栓、螺钉、双头螺柱、紧定螺钉、螺母和垫圈。

课程 2-3　电工与电子基础知识

学习内容

学习单元	课程内容	培训建议	课堂学时
电工与电子基础知识	1）电路基础知识 2）电路基本元件的名称与代号 3）电子电路基础知识 4）常用电子元件的名称与代号 5）电工电子测量	（1）方法：讲授法、演示法 （2）重点与难点：常见电子元件的识别	12

学习单元　电工与电子基础知识

一、电路基础知识

电路是由各种元器件（或电工设备）按一定方式连接起来的总体，为电流的流通提供路径。

1. 直流电路

直流电路就是电流的方向不变的电路，但其电流的大小是可以改变的。电流的大小、方向都不变的称为恒定电流。例如，在使用灯具（或其他电气设备）之前，总要用导线把它们和电源连接起来，这种将直流电源和负载连接起来的电流通路称为直流电路。如图 2–3–1 所示为一个简单的直流电路。

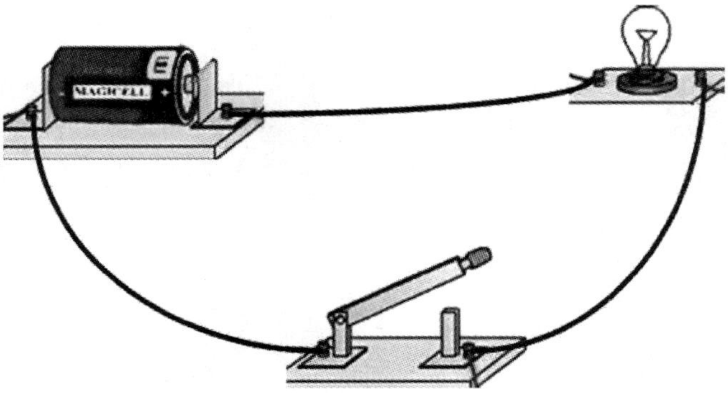

图 2–3–1　简单的直流电路

2. 交流电路

交流电路是指电源的电动势随时间做周期性变化，使得电路中的电压、电流也随时间做周期性变化的电路。交流电之所以应用广泛，是因为它在生产、输送和使用等方面具有许多优越性。首先，交流电可以利用变压器很容易地改变电压，提高电压可以实现远距离输送电能，减少线路损失；也可以低压配电，保障用电安全和降低绝缘要求。其次，电力拖动普遍应用的交流电动机与直流电动机相比，具有结构简单、价格便宜、运行可靠、维护方便等特点。

按交流电的变化规律可分为正弦交流电和非正弦交流电，如图 2–3–2 所示。

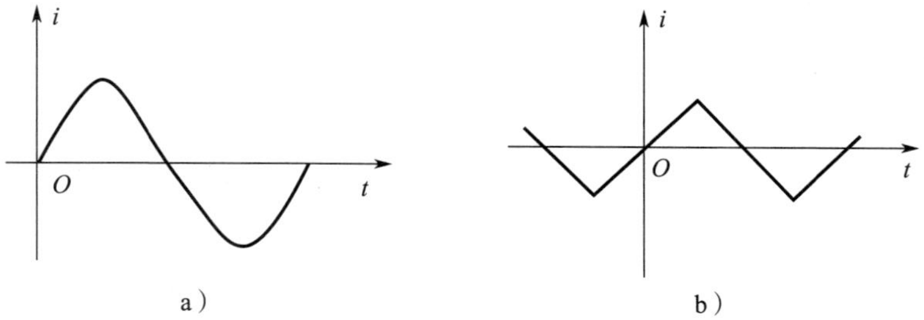

图 2–3–2　交流电的波形

a）正弦交流电　b）非正弦交流电

3. 电路的状态

电路的形式千变万化，但归纳起来主要有两种类型：一是进行能量的转换、传输、分配；二是进行信息处理。任何一个电路都可能具有通路、断路和短路三种状态。

（1）通路：电源与负载接通，电路中有电流通过，电气设备或元器件获得电功率，进行能量转换。

（2）断路：电路中没有电流通过，又称为空载状态。

（3）短路：电源两端的导线直接相连接，输出电流过大，对电源来说属于严重过载。如没有保护措施，电源或电器会被烧毁或发生火灾，所以通常要在电路或电气设备中安装熔断器、熔丝等保险装置，以避免发生短路时出现不良后果。

4. 串联电路

把电气元件（如电阻器）用导体一个接一个地首尾依次连接起来，中间无分支的连接方式叫作串联电路，如图 2–3–3 所示为由三个电阻 R_1、R_2、R_3 组成的串联电路。

串联电路具有如下特点：

（1）串联电路中流经每个电阻的电流都相等。

（2）电阻串联后的等效电阻（总电阻）等于分电阻的总和。

（3）总电阻两端的总电压等于各个电阻两端的电压之和。

串联电路的这些特点，在实际中有很多应用。如电压表可利用串联不同的电阻来扩大其量程；利用电阻的串联可以做成分压，从电源中得到不同的电压。

5. 并联电路

将几个电阻的一端连在一起，另一端也连在一起的连接方式，叫作电阻的并联。如图 2-3-4 所示为由三个电阻 R_1、R_2、R_3 组成的并联电路。

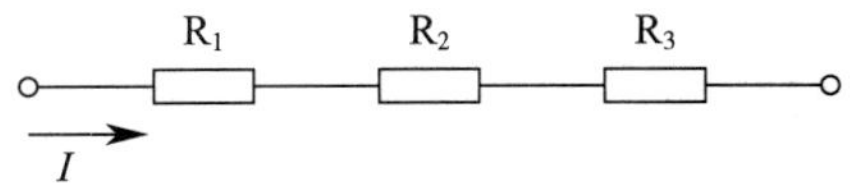

图 2-3-3 串联电路

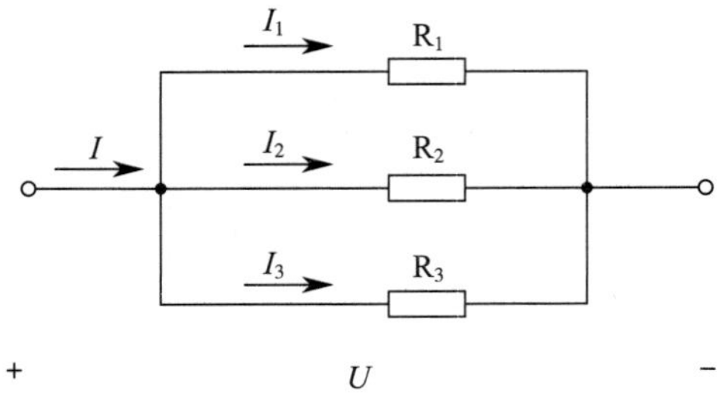

图 2-3-4 并联电路

并联电路具有如下特点：

（1）电路中各支路两端的电压相等。

（2）电路中总电阻的倒数等于各支路电阻倒数之和。

（3）电路中的总电流等于各支路的电流之和。

并联电路的这些特点，在实际中也获得了广泛的应用。例如，电流表利用并联不同的电阻扩大其量程；汽车上的起动机、刮水器、照明灯等工作电压相同的用电器并联使用，可使它们的工作互不影响。

二、电路基本元件的名称与代号

通常要组成一个简单电路，至少要有电源、负载、控制器件、连接导线和开关。负载、连接导线和开关称为外电路，电源内部的电路称为内电路。

1. 电源（供能元件）：为电路提供电能的设备和器件（如电池、发电机等）。

2. 负载（耗能元件）：使用（消耗）电能的设备和器件（如灯泡等用电器）。

3. 控制器件：控制电路工作状态的器件或设备（如开关等）。

4. 连接导线：将电气设备和元器件按一定方式连接起来的器件（如各种铜、铝电缆线等）。

电路中的常见代号及含义见表 2-3-1。

表 2-3-1　电路中的常见代号及含义

代号	含义	代号	含义
AC	交流电	C	电容器
L	相线	XB	连接片
N	中性线、零线	XS	插座
PE	接地线	U	整流器
QS	隔离开关	EL	照明灯
ST	行程开关	DC	直流电
SC	转换开关（旋钮）	+、VCC	正极
SB	按钮	-、GND	负极
SE	紧急按钮	QF	断路器
SR	复位按钮	SP	接近开关
SH	手动开关	SF	正转启动
KM	接触器	SR	反转启动
K	继电器	KP	极化继电器
KT	时间继电器	KV	电压继电器
KS	信号继电器	KR	热继电器
KOL	过载继电器	KF	闪光继电器
T	变压器	TA	电流互感器
TV	电压互感器	UI	逆变器
HA	声信号	HS	光信号
HL	指示灯	HLB	蓝色灯
HLR	红色灯	HLW	白色灯
HLG	绿色灯	HLY	黄色灯
FU	热熔断器	YT	跳闸线圈
PA	电流表	M	电动机
PV	电压表	MS	同步电动机
YV	电磁线圈	MW	绕线转子感应电动机
YC	合闸线圈	RP	电位器
G	发电机	RV	压敏电阻
MA	异步电动机	RD	放电电阻
MD	直流电动机	XP	插头
R	电阻器	XT	端子板
RT	热敏电阻	UR	可控硅整流器
RL	光敏电阻	EV	空气调节器

三、电子电路基础知识

1. 晶体管的基本放大电路

如图 2–3–5 所示为放大电路的示意图，由图可以看出，放大器有四个端子，一对用来输入信号，叫作输入端；另一对用来输出信号，叫作输出端。向放大器提供输入信号的电路或设备称为信号源，接收放大器输出信号的电路或设备称为负载。

图 2–3–5　放大电路示意图

2. 晶体管开关电路

三极管具有饱和、放大、截止三个工作状态。如果有目的地控制三极管基极上的电压或电流，就可以使三极管交替工作在饱和或截止两个区域，此时三极管处于开或关的状态，即开关状态。

如图 2–3–6 所示为一个反相器，它是最基本的晶体管开关电路之一。

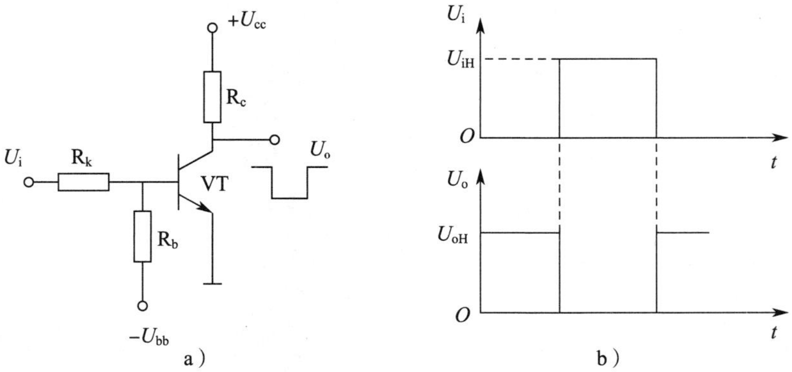

a）　b）

图 2–3–6　晶体管开关电路的电路图及波形图

a）电路图　b）波形图

3. 整流电路

在汽车电路中，通常情况下，发电机输出的交流电是不能直接用于用电器的，这时就需要把交流电变成直流电。把交流电变成直流电的过程称作整流，整流是利用半导体二极管的单向导电特性。

四、常用电子元件的名称与代号

电子元件是一种对电路提供整流、开关和放大功能的（电路）元件。有源元件在电路中，也可以起到电阻和电容的作用，或者是将外部能量从一种形式转化为另一种形式。例如，发光二极管、晶体管、半导体集成电路、光敏半导体器件和光发射半导体器件等。

1. 电阻和电阻器

（1）电阻

当电流通过金属导体时，做定向移动的自由电荷会与金属中的带电粒子发生碰撞，而这种碰撞阻碍了自由电子的定向移动，因而也就阻碍了电流的形成，这种导体对电流的阻碍作用叫作电阻，用 R 表示。电阻的单位是欧姆，简称欧，用 Ω 表示。电阻常用的单位还有千欧（kΩ）和兆欧（MΩ）。

导体的电阻是客观存在的，它的大小只取决于导体的长度、横截面积和材料，而与导体两端的电压和流过的电流无关。

（2）电阻的种类及其符号

电阻是电路中应用最广泛的元件，其质量的好坏对电路的工作稳定性有极大的影响，电阻的主要作用是稳定和调节电路中的电流和电压。电阻分可变电阻和固定电阻（见图 2–3–7）两大类。可变电阻绝大多数用来调节电压的大小，因此又叫作电位器。常见电阻和电位器的符号如图 2–3–8 所示。

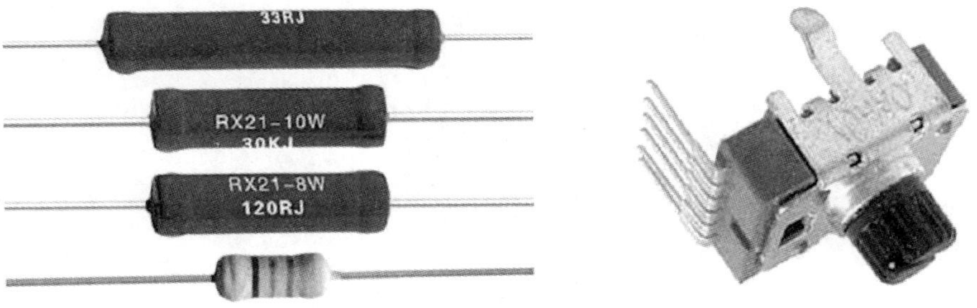

图 2–3–7　固定电阻和电位器

2. 电容

电容是被绝缘的物质隔开而又相互靠近的两个平板导体组合而成的电气元件，用以存储或容纳电荷。任何两个彼此绝缘而又相互靠近的导体，都可以看成是电容。两个导体叫作电容的极板，用导线引出，彼此间的绝缘物质叫作电介质，常用的电介质有空气、蜡纸和云母等。

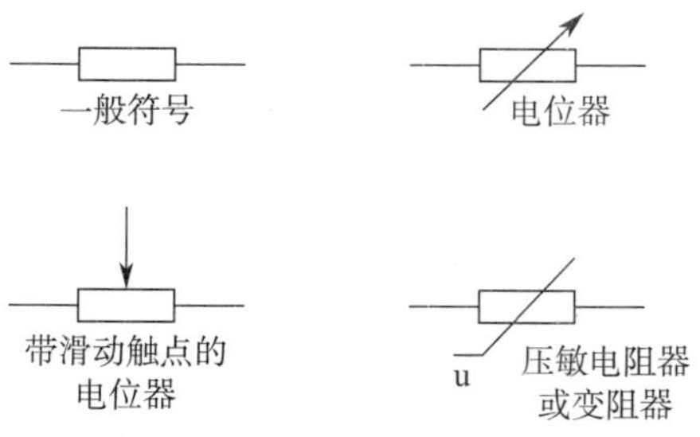

图 2-3-8　常见电阻和电位器符号

电容在汽车上的应用是很多的，在传统点火系统中，把一个合适的电容与分电器的两个触点并联，当触点打开时，电容可以减少分电器中触点的火花，保护触点。

（1）电容的作用

电容的作用是存储和释放电荷，即电容的充电和放电。电容存储电荷的能力叫作电容量 C，简称电容，电容的单位为法拉，简称法（F）。

电容最基本的特性就是能够存储电荷，当电容器极板上的电荷积聚时，两极间就建立了电场，产生了电压。不同的电容存储电荷的多少是不一样的，但它存储电荷的电荷量 Q 与其建立的电场所产生的电压 U 的比值是一个常数，而这个常数的大小正好反映出电容存储电荷的本领。

（2）电容的种类与选用

电容的种类很多，按介质的材料不同可分为纸质电容、金属电容、云母电容、电解电容和有机薄膜电容等；按电容是否可调又可分为固定电容（见图 2-3-9）和可变电容。

图 2-3-9　固定电容

选用电容的主要依据是电路的工作环境、电容量和耐压值，一般电容的容量和耐压值都标在电容的外壳上。选用时，除电容满足电路的要求外，实际所加的电压不能超过耐压值，否则，电容会被击穿。电容的符号如图 2–3–10 所示。

图 2–3–10　电容的符号

3. 电感

电感的应用范围很广泛，它在调谐、振荡、耦合、匹配、滤波、谐振、延迟、补偿和偏转等电路中，都是必不可少的。由于用途、工作频率、功率、工作环境不同，对电感的基本参数和结构形式就有不同的要求，从而导致电感的类型和结构多样化，如图 2–3–11 所示为电感元件实物图。

图 2–3–11　电感元件实物

电感按使用特征可分为固定电感和可调电感两种；按磁芯材料可分为空芯、磁芯和铁芯电感等；按结构可分为小型固定电感、平面电感以及中周电感。电感的符号如图 2–3–12 所示。

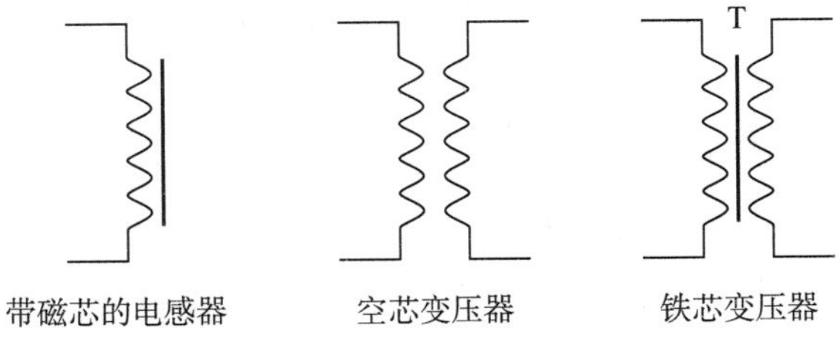

图 2–3–12　电感的符号

4. 晶体二极管

晶体二极管简称二极管，一般来说，二极管是一个由 P 型半导体和 N 型半导体烧结形成的 PN 结界面。PN 结的 P 区和 N 区各接出一条引线，再封装在管壳里，就构成一个二极管，P 区引出端叫作正极，N 区引出端叫作负极，如图 2–3–13 所示。

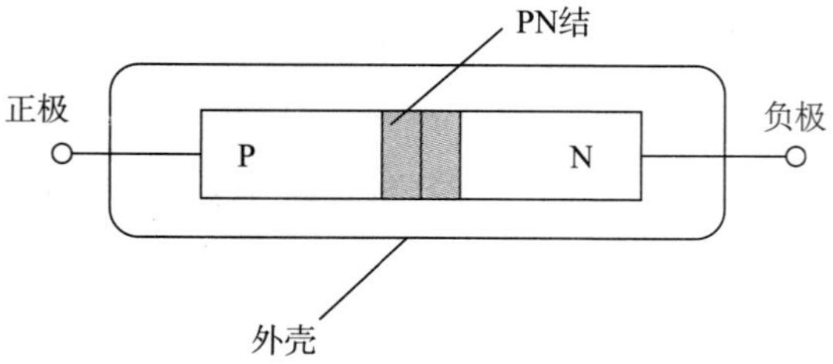

图 2–3–13　二极管的结构

在其界面的两侧形成空间电荷层，构成自建电场。当外加电压等于零时，由于 PN 结两边载流子的浓度差引起扩散电流和由自建电场引起的漂移电流相等而处于电平衡状态，这是常态下的二极管特性。

二极管的符号如图 2–3–14 所示，它表示二极管具有单向导电性，箭头表示正向电流的方向。二极管外壳上一般都标有符号，表示极性。不同用途的二极管一般都有不同的结构、形状和符号。

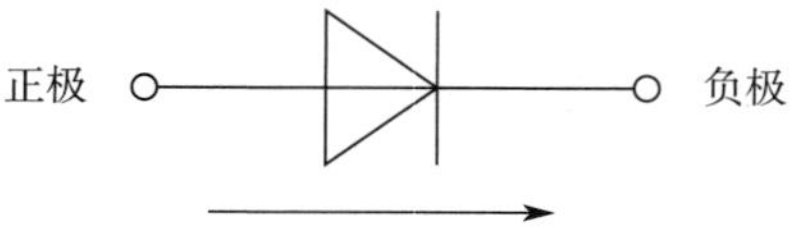

图 2–3–14　二极管的符号

二极管主要参数有最大整流电流和最高反向工作电压。

二极管长时间正常工作所允许通过的最大平均正向电流叫作最大整流电流，使用时如超过该值，将会烧坏二极管；保证二极管正常工作、不被反向击穿所能承受的反向电压值叫作最高反向工作电压，一般取反向击穿电压的一半左右作为最高反向工作电压。

5. 晶体管

（1）晶体管的结构

在一块半导体材料上，制作出三个区，构成两个 PN 结，并分别从三个区中引出三条引线，再封装在管壳里，就构成了一个晶体管。

一般把中间的区叫作基区，两个 PN 结分别按其作用称为集电结和发射结，与集电结连接的区域称为集电区，与发射结相连的区域叫作发射区。从发射区、基区、集电区引出的电极，分别称为发射极（E）、基极（B）和集电极（C）。

晶体管有 NPN 型和 PNP 型两种，符号如图 2–3–15 所示。

（2）晶体管的主要参数

1）电流放大系数

①交流电流放大系数。当集电极与发射极电压为规定值时，集电极电流的变化量 ΔI_C 与基极电流的相应变化量 ΔI_B 的比值，叫作晶体管的交流电流放大系数，用 β 来表示，即 $\beta=\Delta I_C/\Delta I_B$。

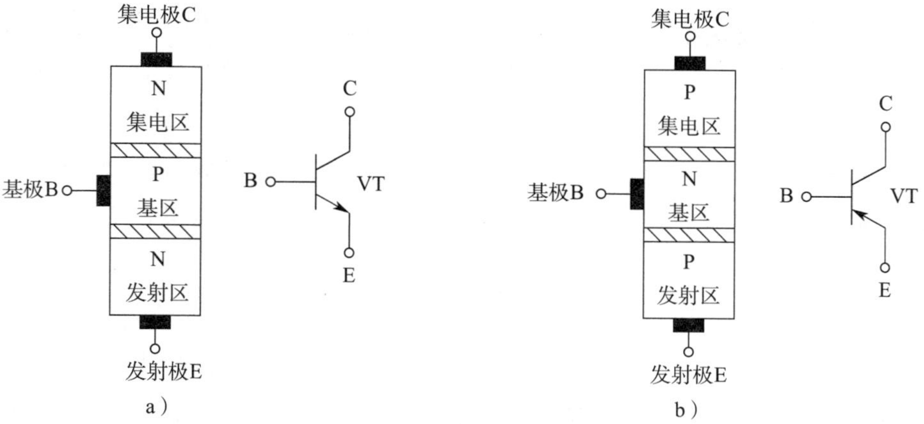

图 2-3-15　晶体管的结构和符号

a）NPN 型　b）PNP 型

②直流电流放大系数。当无交流信号输入，集电极与发射极电压为规定值时，集电极直流电流 I_C 与基极直流电流 I_B 的比值，叫作晶体管的直流电流放大系数，用 $\bar{\beta}$ 表示，即 $\bar{\beta}=\frac{I_C}{I_B}$。

2）极限参数

①集电极最大允许电流。它是指晶体管参数变化不超过规定值时，集电极允许通过的最大电流。如果超过，管子的性能将显著变差。

②集电极—发射极反向击穿电压。它是指基极开路时，集电极与发射极间的反向击穿电压。

③集电极允许最大耗散功率。它是指晶体管正常工作时，集电极能够承受的功耗最大值。

五、电工电子测量

1. 电工与电子的测量与误差

（1）电工电子测量的概念

电工与电子测量就是通过试验的方法确定被测电参量的大小。为此，常常把被测量及作为测量的单位与同类标准量进行比较，从而得到包括数值和单位的一个被测值。

（2）测量方法

在测量过程中，实际使用的是测量单位的复制体，把它称为度量器，如标准电池、标准电阻等。度量器应有足够的精度和稳定性，以保证测量的正确性。按度量器是否直接参与测量过程，测量结果如何取得，而形成了不同的测量方法。常用的测量方法有以下几种。

1）直接测量法。在测量过程中，采用直接指示的仪器、仪表可以读取被测量的数值，而无须度量器直接参与的方法，叫作直接测量法，如欧姆表测电阻、电流表测电流、电压表测电压等。由于仪器接入电路后，会使电路的工作状态发生变化，因此，直接测量法的准确度比较低。

2）比较测量法。在测量过程中，需要度量器的直接参与并通过比较仪器来确定被测数值的测量方法，叫作比较测量法，如用电桥测电阻等。比较法的准确度和灵敏度都比较高，适用于精确测量，但设备复杂，操作烦琐。

3）间接测量法。根据被测量与比较量之间的关系，先测得比较量，然后按函数把被测量计算出来的方法，叫作间接测量法，如伏安法测电阻等。间接测量法误差较大，在准确度要求不高或直接测量有困难时使用。

（3）测量误差

1）测量误差。它是指测量结果与被测量的实际值之间的差异。

2）误差产生的原因。除仪器仪表的基本误差外，还有因测量方法的不同，测量人员的技能和经验的不足，以及人的感官差异等因素造成的误差。

3）误差分类。测量误差按性质可分为系统误差、偶然误差和疏失误差。系统误差是由于仪器设备精度和测量方法产生的；偶然误差主要是由于外界环境（如温度、湿度、电场、磁场等）的偶发性变化引起的；疏失误差是由于测量人员的粗心和疏忽造成的。

4）测量误差的消除。对于系统误差，应采用配备适当的仪器、校正仪器、选择合理的测量方法、增加测量次数等方法解决；对于偶然误差，应采用增加重复测量的次数，取其算术平均值的方法解决；对于疏失误差，只能采取舍弃、重新进行测量的方法。

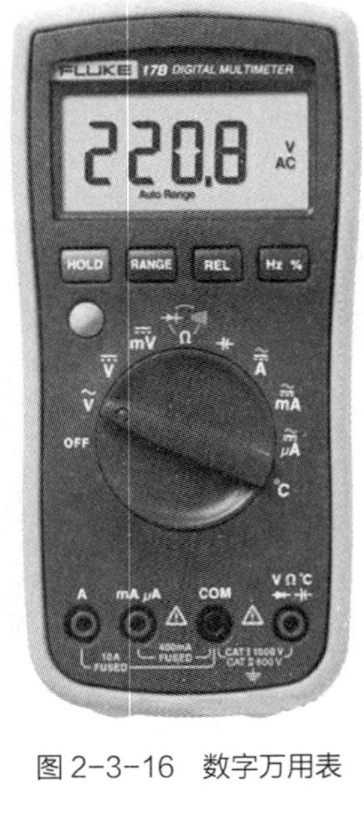

图 2-3-16　数字万用表

2. 电压、电流和电阻的测量

以数字万用表为例介绍电压、电流和电阻的测量，数字万用表如图 2-3-16 所示。

（1）电压的测量

直流电压的测量：将黑表笔插入“COM”插口，红表笔插入“VΩ℃”插口，将选择开关旋到直流电压挡，然后用表笔分别接触测量点后，显示屏上即出现测量值，读数时要注意单位。

交流电压的测量方法与直流电压的测量方法类似，把选择开关旋到交流电压挡即可。

（2）电流的测量

直流电流的测量：将量程开关旋到测量直流电流的挡位，黑表笔插入“COM”插口，当被测电流小于 400 mA 时，红表笔就插入“mA”插口（当被测电流大于 400 mA 时，红表笔就插入“A”插口），然后将两个表笔串接于被测电路中，显示屏上即出现测量值，读数时要注意单位。

交流电流的测量方法与直流电流的测量方法类似，把选择开关旋到交流电流挡即可。

（3）电阻的测量

将黑表笔插入“COM”插口，红表笔插入“VΩ℃”插口，将选择开关旋到电阻挡，然后用表笔分别接触电阻两端测量点后，显示屏上即出现测量值，读数时要注意单位。

课程 2-4　液压传动

学习内容

学习单元	课程内容	培训建议	课堂学时
液压传动基础	1）液压传动基础知识 2）液压传动在汽车上的应用	（1）方法：讲授法 （2）重点与难点：液压传动在汽车上的应用	2

学习单元　液压传动基础

一、液压传动基础知识

液压传动是以油液作为工作介质，依靠密封容积的变化来传递运动，通过油液内部的压力来传递动力。如图 2–4–1 所示，以液压千斤顶的工作原理为例。当向上提起杠杆时，小活塞上升使小液压缸的容积增大，此时单向阀 7 受大液压缸中液压油的作用力关闭，小液压缸形成真空，油箱中的液压油在大气压的作用下，推开单向阀 4，完成吸油；当向下压杠杆时，小活塞下移，此时单向阀 4 关闭，小液压缸内的液压油顶开单向阀 7 进入大液压缸，使大活塞上升，从而顶起重物。

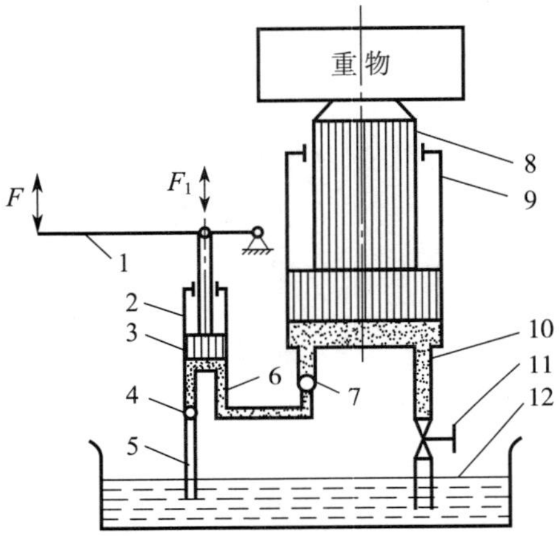

图 2–4–1　液压千斤顶工作原理图

1—杠杆　2—小液压缸　3—小活塞　4、7—单向阀　5—吸油管　6、10—管道　8—大活塞　9—大液压缸　11—截止阀　12—油箱

液压系统由动力元件、执行元件、控制元件和辅助元件几个部分组成。

（1）动力元件

液压泵是动力元件，它把输入的机械能转变为液压油的压力能，是液压系统的能源。液压泵都是容积式的，按其流量是否可以改变分为定量泵和变量泵；按其结构形式不同可分为齿轮泵（见图 2–4–2）、叶片泵（见图 2–4–3）和柱塞泵等；按其压力的大小可分为超高压泵（额定压力超过 32 MPa）、高压泵（额定压力为 16 ~ 32 MPa）、中高压泵（额定压力为 8 ~ 16 MPa）、中压泵（额定压力为 2.5 ~ 8 MPa）和低压泵（额定压力为 0 ~ 2.5 MPa）等。

（2）执行元件

液压缸是液压传动系统的执行元件之一，用来执行直线往复运动或小于 360° 的摆动运动。它将液压油的压力能转换为机械能，带动负载运动。

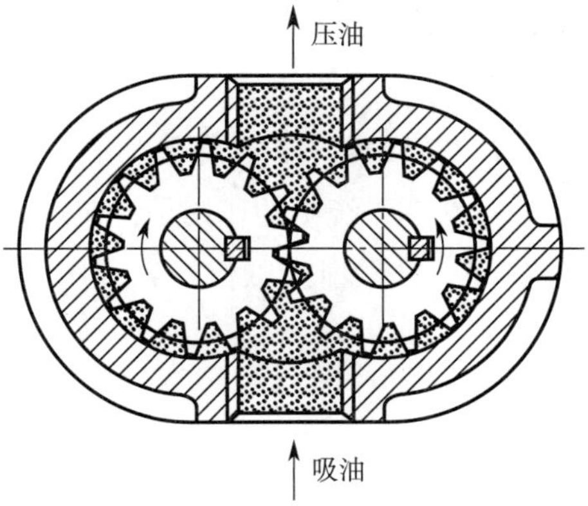

图 2-4-2　齿轮泵

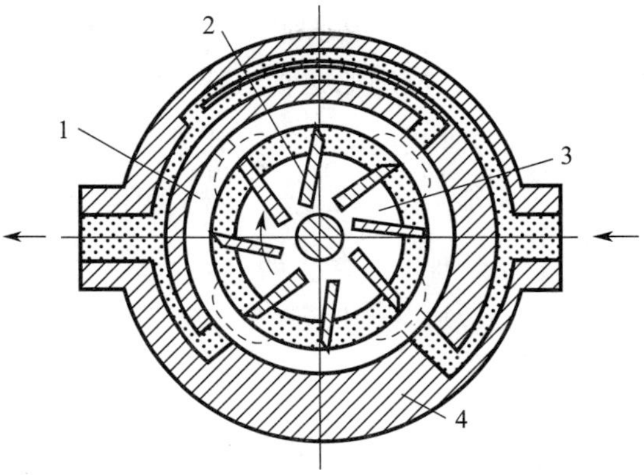

图 2-4-3　叶片泵

1—定子　2—叶片　3—转子　4—泵体

液压缸可分为三种类型：活塞式、柱塞式和摆动式。活塞式液压缸应用较为广泛，它又分为双活塞杆式和单活塞杆式。

（3）控制元件

控制元件一般为液压控制阀，是能够控制液压系统液压油的压力、流量和流动方向的元件。它位于系统的动力元件和执行元件之间。

控制阀的种类较多，但都是由阀体、阀芯（杆）和控制机构组成。其工作原理都是通过改变通流面积或通流方向来工作的。

根据液压控制阀在系统中的用途，可将其分为压力控制阀、流量控制阀和方向控制阀三大类。

（4）辅助元件

液压辅助元件由油箱、滤油器、空气滤清器、油管和管接头、密封件、热交换器和蓄能器等组成，用于储存、输送、净化和密封工作液体，并有散热冷却的作用。

1）油箱。油箱除了用来储油以外，还有散热、分离油中杂质的作用。汽车液压系统一般采用单独油箱，汽车在修理设备中一般可利用设备底座作为油箱，这样可使结构紧凑。

2）滤油器。滤油器的作用是净化工作油液，清除油液中的杂物（灰尘、磨屑、油液氧化析出物等），防止油路堵塞和元件磨损，确保系统正常工作。

汽车中常用的滤油器有网式、线隙式、烧结式和纸芯式等多种类型。

3）油管和管接头。油管和管接头是各元件组成系统时必需的连接和输油元件。

液压传动中常用的油管有钢管、铜管、橡胶软管（用耐油橡胶制成，有高压和低压之分）、尼龙管和塑料管等。

固定元件间的油管常用钢管和铜管，有相对运动的元件之间一般采用软管连接。在回油路中，可用尼龙管或塑料管。

油管与管接头的连接方式分为焊接式、卡套式、管端扩口式、扣压式等。

4）蓄能器。蓄能器是一种储存高压液压油的容器。它在系统中的作用是：在短时间内供应大量高压液压油，以实现执行机构的快速运动；补偿泄漏以保持系统压力；消除压力脉动；缓和液压冲击。

二、液压传动在汽车上的应用

汽车上采用的液压传动装置按工作原理分为动力式和容积式两类。

（1）液压制动系统

汽车上的液压制动系统由制动踏板、推杆、制动总泵（主缸）、管路、制动分泵（轮缸）等部分组成，如图 2-4-4 所示。

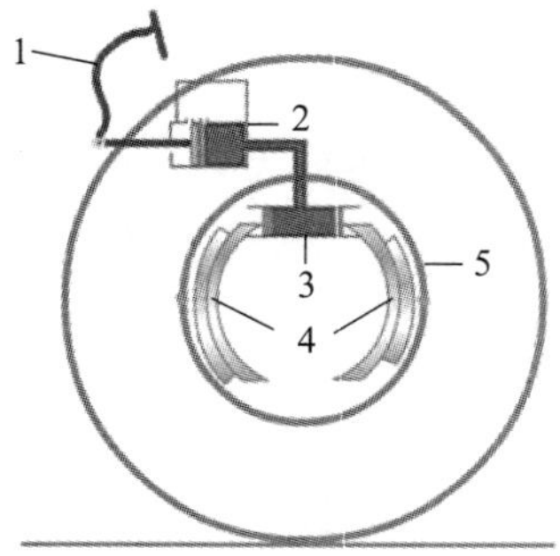

图 2-4-4　液压制动系统

1—制动踏板　2—制动总泵　3—制动分泵

4—制动蹄　5—制动鼓

踏下制动踏板时，制动总泵内的液压油在活塞推动下被压出制动总泵，沿管路进入前、后分泵，推动分泵活塞向两侧撑开，将制动蹄压向制动鼓，产生制动力。在车轮制动器的间隙消除之前，管路中的油压升高较慢，但足以克服制动蹄复位弹簧的张力和管道阻力。在车轮制动器的间隙消除之后，管路中的油压升高较快，且随着踏板力的增加而继续增大，制动力随之增大，直到完全制动。放松制动踏板时，制动总泵内的活塞在复位弹簧的作用下回位，油压降低。与此同时，车轮制动器的制动蹄也在复位弹簧的作用下回位，分泵活塞将液压油压回总泵，于是解除制动作用。

（2）液压式动力转向系统

动力转向系统以发动机输出的部分动力为能源，由机械转向器、转向控制阀、转向动力缸、转向油泵、转向油罐等组成。

液压式动力转向装置的部件结构紧凑、尺寸小，工作滞后时间短，灵敏度高（因液压油不可压缩），工作无噪声，而且能吸收路面的冲击能量（液压油有阻尼作用），故目前液压式动力转向系统广泛应用于各类汽车。

课程 2-5　汽车维修设备、工具和仪器

学习内容

学习单元	课程内容	培训建议	课堂学时
汽车维修设备、工具和仪器	1）维修常用设备、工具的种类和用途	（1）方法：讲授法 （2）重点与难点：常用维修工具的使用方法	2
	2）一般工具和设备的选择和使用		
	3）一般汽车检测仪器的使用		

学习单元　汽车维修设备、工具和仪器

一、维修常用设备、工具的种类和用途

1. 扳手

扳手是汽车维护保养作业中最常用的一种工具，主要用于扭转螺栓、螺母或带有螺纹的零件，扳手有呆扳手、梅花扳手、两用扳手、活扳手、管子扳手、套筒扳手、扭力扳手、内六角扳手等。

（1）呆扳手

呆扳手又称开口扳手，按形状分有双头扳手（见图 2–5–1）和单头扳手（见图 2–5–2），其作用是紧固、拆卸一般标准规格的螺母和螺栓；按中心平面和本体中心平面角度分有 15°、45°、90° 角等规格，其规格是以两端开口的宽度 *S* 来表示的，如 8 ~ 10 mm、12 ~ 14 mm 等。呆扳手主要适用于无法使用套筒扳手和梅花扳手操作的位置。

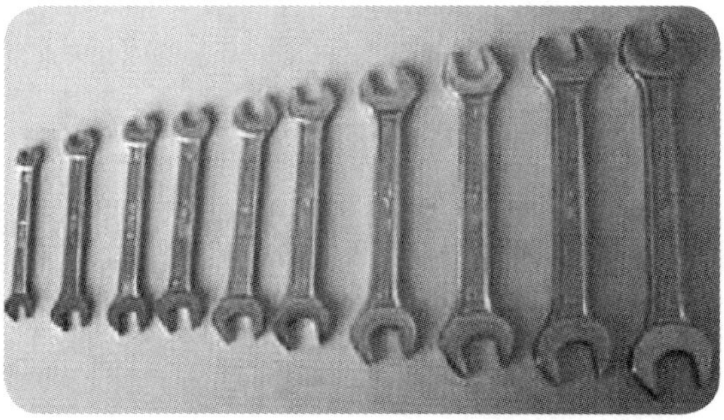

图 2–5–1　双头扳手

图 2–5–2　单头扳手

注意：在使用呆扳手时，禁止在扳手上加套管或使用锤击，也不适合用于拆卸需要较大力矩的螺栓或螺母，更不能当作撬棒使用。在使用呆扳手时放置的位置不能太高，其工作面应尽量涵盖螺栓或螺母的旋拧部分，否则，会在紧固或拆卸过程中造成打滑。

（2）梅花扳手

梅花扳手同呆扳手的用途相似，但其两端是圆环状的，圆环的内孔由两个正六边形互相同心错转 30° 而成，可将螺栓或螺母头部套住。使用时，扳动 30° 后，即可换位再扳，适用于狭窄场合下操作，如图 2–5–3 所示。其规格是以内多边形对角线长度 *S* 来表示，如 8 ~ 10 mm、12 ~ 14 mm 等，通常是成套装备，有 8 件一套、10 件一套等。

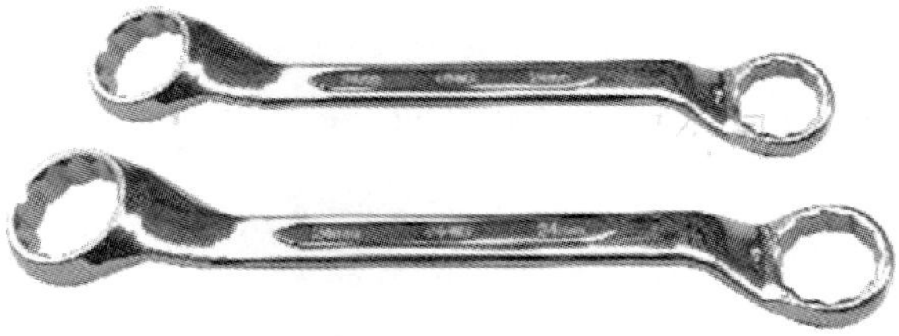

图 2–5–3　梅花扳手

在使用梅花扳手时，左手推住梅花扳手，保持梅花扳手与螺栓或螺母完全配合，防止滑脱，右手握住梅花扳手另一端并施力。因梅花扳手可将螺栓、螺母的头部围住，与呆扳手相比可以施加较大力矩。

（3）两用扳手

如图 2-5-4 所示，两用扳手也称组合扳手，它把梅花扳手和呆扳手组合在一起，一端为开口端，另一端为梅花端。在使用时，可先用开口端把螺栓、螺母旋到底，再使用梅花端完成最后的紧固，而在拧松时则要先使用梅花端。

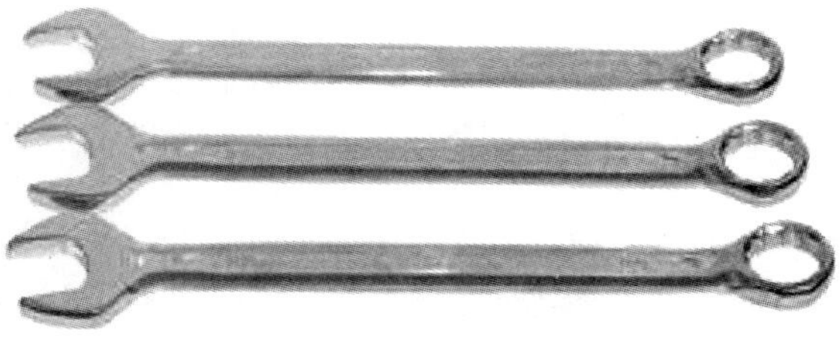

图 2-5-4　两用扳手

（4）活扳手

如图 2-5-5 所示，活扳手也叫作可调扳手，适用于尺寸不规则的螺栓、螺母，由固定钳口、活动钳口、调节螺杆和扳手体组成，使用场合与呆扳手相同。由于活扳手能在一定的尺寸范围内任意调节其开口尺寸，故应用较广。往往一个活扳手可以用来代替多个呆扳手。

使用活扳手时应使固定钳口承受大部分旋紧力（见图 2-5-5），严禁在扳手上加装套管或锤击扳手，更不能将活扳手当作锤子使用，也不能使用活扳手进行需要较大力矩的螺栓或螺母的紧固或拧松，这些不当操作都将会对扳手造成损伤。

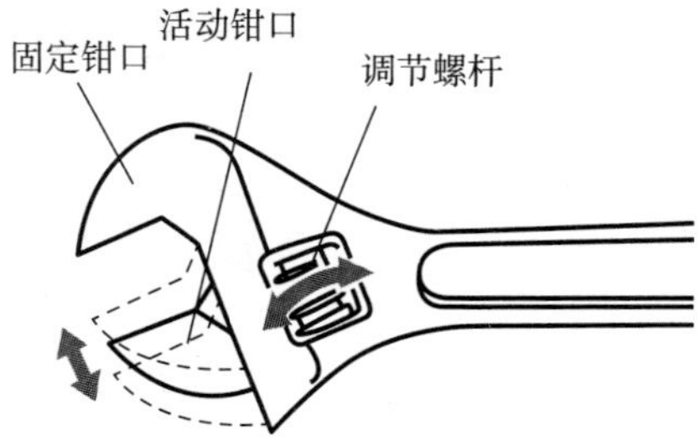

图 2-5-5　活扳手及其结构

（5）管子扳手

如图 2-5-6 所示，管子扳手也叫作管扳手，是用来固定或转动管子、圆棒以及其他扳手难以夹持的光滑圆形工件的工具。如调整汽车前束时用以旋转横拉杆。使用时应注意不要突然用力，否则会损伤工件。

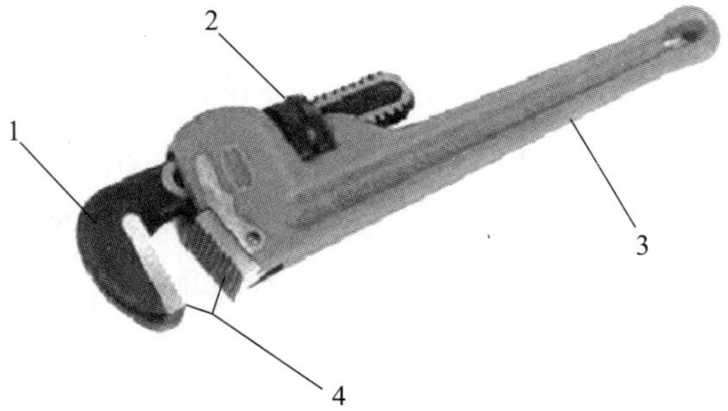

图 2-5-6 管子扳手的结构

1—活动颚 2—调整螺母 3—手柄 4—钳口

（6）套筒扳手

如图 2-5-7 所示，套筒扳手是拆装螺栓、螺母最方便、灵活且安全的工具，在使用中不易损坏螺栓、螺母的棱角。它是由多个带六角孔或十二角孔的套筒并配有相应手柄、接杆、万向接头等多种附件组成，特别适用于拧转空间十分狭小或凹陷很深的螺栓、螺母。

图 2-5-7 套筒扳手组件

（7）扭力扳手

扭力扳手是套筒扳手的配套工具，主要用于有规定力矩的螺栓或螺母的装配，如连杆螺母、轮毂螺母等。扭力扳手常用的形式有指针式（见图 2-5-8）和预置式（见图 2-5-9），其规格是以最大可测力矩来划分的，如预置式扭力扳手有 0～20 N·m、0～100 N·m、0～250 N·m、0～300 N·m、0～500 N·m、0～760 N·m 等几种。

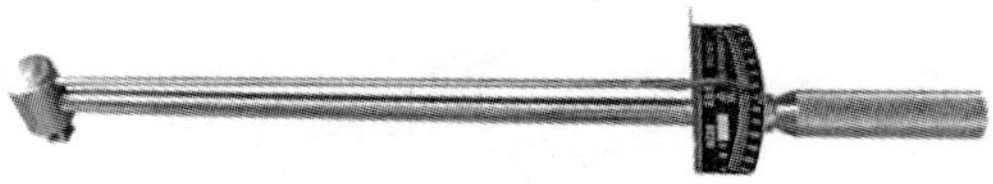

图 2-5-8　指针式扭力扳手

图 2-5-9　预置式扭力扳手

在使用扭力扳手拧紧时要用左手握住套筒，并且保持扭力扳手的方榫部及套筒垂直于紧固件所在平面；右手握紧扭力扳手手柄，向自己怀里扳转，与操作套筒扳手施力方向相同。

另外，在汽车维修作业中经常用到液压扭力扳手。

液压扭力扳手如图 2-5-10 所示。由手动高压泵和带棘轮式液压扭力扳手两部分组成。操纵手动高压泵的手柄，液压缸产生推力，经过曲柄系统形成扭矩，带动螺母转动一个角度，使扭矩传递到带棘轮装置的内六角套筒及螺栓连接。

图 2-5-10　液压扭力扳手

（8）内六角扳手

如图 2-5-11 所示，内六角扳手用来拆装内六角螺栓，以六角形对边尺寸 S 表示，有 3 ~ 27 mm 等 13 种尺寸。汽车维修作业中用成套内六角扳手，可供拆装 M4 ~ M30 的内六角螺栓。

2. 钳子

钳子是采用杠杆原理夹持机件或剪切金属丝的简单工具，在汽车维修、保养中应用的种类很多。在工作应用中必须使用与作业内容相适应的钳子，否则，会降低工作效率或导致工具和零件的损坏。

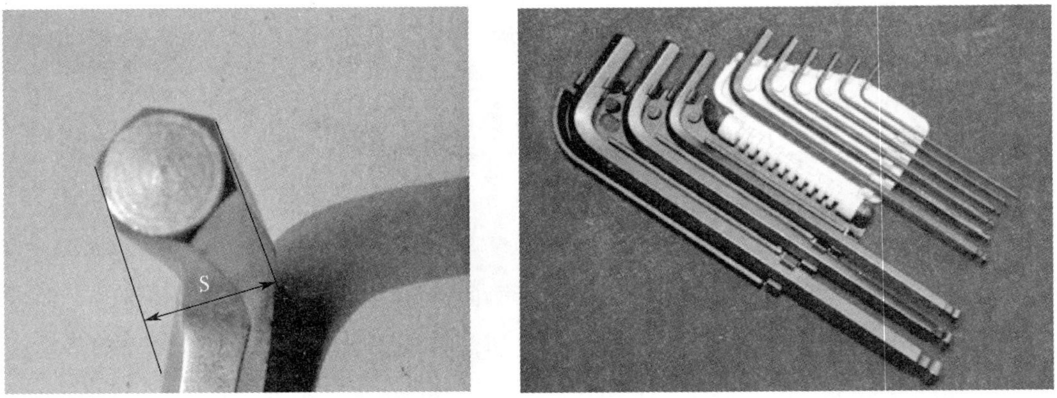

图 2–5–11　内六角扳手

汽车维修保养中应用的钳子类型主要有钢丝钳、鲤鱼钳、水泵钳、尖嘴钳、卡簧钳、斜口钳等多种。

（1）钢丝钳

如图 2–5–12 所示，钢丝钳主要用于夹持圆柱形零件，也可以代替扳手旋动小螺栓、小螺母，但要用软材料垫好，如布、硬纸等，钳口后部的刃口可剪切金属丝。钢丝钳按其钳长分为 150 mm、175 mm 和 200 mm 三种。

（2）鲤鱼钳

如图 2–5–13 所示，鲤鱼钳的钳头前部是平口细齿，适用于夹捏小零件；中部凹口粗长，适用于夹持圆柱形零件，也可以代替扳手旋小螺栓、小螺母；钳口后部的刃口可剪切金属丝。鲤鱼钳的手柄一般较长，可以通过改变钳柄支点位置调节钳口张开的大小，以适应夹持不同大小的零件。其规格以钳长来表示，一般有 165 mm 和 200 mm 两种，用 50 钢制造。

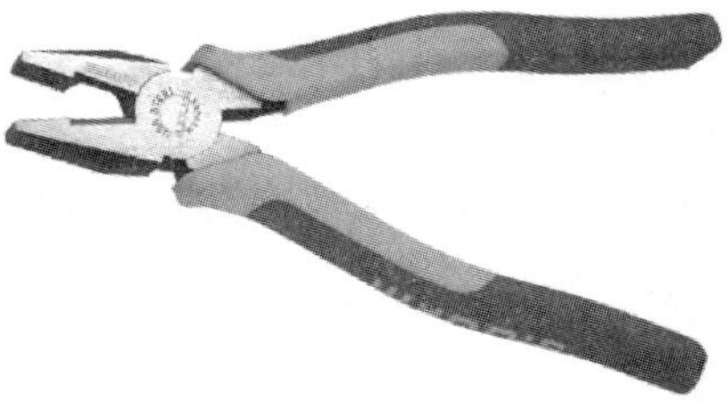

图 2–5–12　钢丝钳

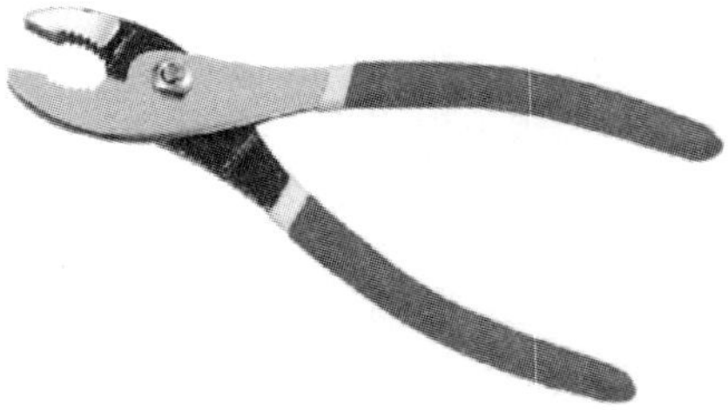

图 2–5–13　鲤鱼钳

鲤鱼钳在使用时必须用防护布或其他软质防护罩遮盖易损件，防止锯齿状的钳口对零件造成损坏，在使用中也不可用锤子等敲击增加力矩，以免损坏钳子。

（3）水泵钳

如图 2–5–14 所示，水泵钳的结构和作用同鲤鱼钳相似，有时把它们称为多用钳，在实际维修中，鲤鱼钳和水泵钳可用于拆装散热器软管及制动系统活塞的复位。在使用中注意不要将水泵钳当作扳手来用，因为其锯齿状的钳口容易把螺栓或螺母的棱角损坏。

（4）尖嘴钳

如图 2–5–15 所示，尖嘴钳由于其头部细长，所以适用于在较小的空间工作，可用来夹持一些小的零件。在使用时严禁对尖嘴钳的钳头部施加过大的压力，也不可作撬棒使用，以免使尖嘴钳的钳口尖部、钳柄变形、折断或损坏。

图 2–5–14 水泵钳

图 2–5–15 尖嘴钳

（5）卡簧钳

卡簧钳是用来专门拆装卡簧的工具，根据使用范围不同，卡簧钳分为轴用卡簧钳（见图 2–5–16）和孔用卡簧钳（见图 2–5–17）两种，使用时应根据卡簧的形式选用对应的卡簧钳。轴用卡簧钳在进行操作时主要用于将卡簧胀开，以便取下或装上卡簧。孔用卡簧钳可以将卡簧收缩，以便将卡簧从轴孔中取出，装配道理一样。

图 2–5–16 轴用卡簧钳

图 2–5–17 孔用卡簧钳

（6）斜口钳

如图 2–5–18 所示，斜口钳也称剪钳，主要用来剪断金属丝或导线，还常用来代替一般剪刀剪切绝缘套管、尼龙扎线卡等。由于斜口钳的钳口有刃口，且尖部为圆形，所以在使用中不具备夹持零件的作用，只能用于切割金属丝或导线。但注意严禁切割硬的或粗的金属丝，更不能用锤子击打斜口钳头部来切断硬质材料。

图 2–5–18 斜口钳

3. 旋具

旋具，俗称螺丝刀或起子，主要用于旋拧头部开有凹槽的螺栓和螺钉等。旋具的类型较多，常用的有一字旋具（见图 2–5–19）、十字旋具（见图 2–5–20），除此之外还有用于特殊情况下的旋具，如通心旋具、方柄旋具、短柄旋具、冲击旋具及精密旋具等。

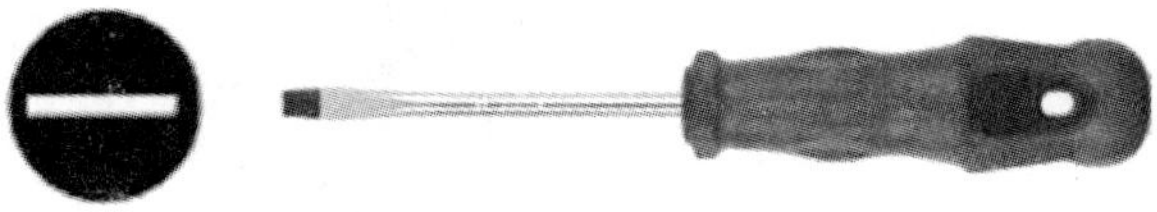

图 2–5–19　一字旋具

图 2–5–20　十字旋具

4. 锤子

锤子，俗称手锤或榔头（见图 2–5–21），主要用于锤击样冲、錾子或敲击工件等。锤子按锤头材料不同可分为铁锤、铜锤、橡胶锤等；按锤头形状不同还可分为圆头锤、方头锤及尖头锤等。最常用的为铁锤，铁锤的规格一般用其锤头质量表示，常用的有 0.25 kg、0.5 kg 和 1 kg 等。

图 2–5–21　锤子

在使用锤子前要检查手柄是否安装牢固，若不牢则用楔塞牢，防止锤头飞出伤人。在使用时，右手握住锤子并使锤柄后端露出约 10 mm，握力适度，眼睛注视工件。

二、一般工具和设备的选择和使用

1. 手动工具

汽车维修中常用的手动工具主要有扳手、锤子、旋具、钳子、套筒组件等。

2. 气动工具

气动工具主要是利用压缩空气带动气动马达而对外输出机械能工作的一种工具（又称风动工具）。

气动工具根据其基本工作方式可分为以下两种。

（1）旋转式：如气动扳手（见图 2–5–22）和气动抛光机（见图 2–5–23）以及钻孔和扩孔用的高速风钻。

（2）往复式：如拆除建筑物、破碎路面用的气动镐。

图 2–5–22　气动扳手

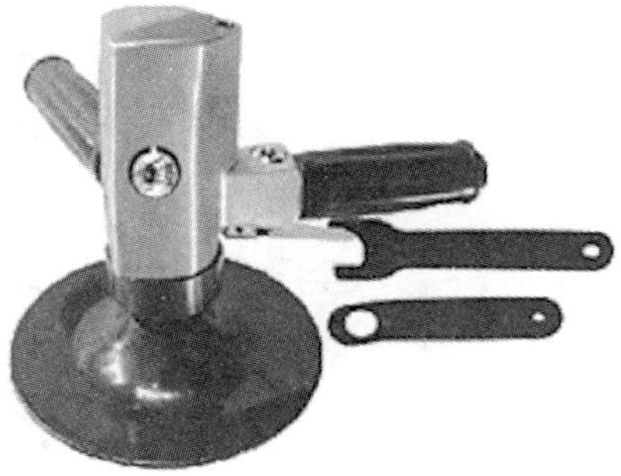

图 2–5–23　气动抛光机

3. 电动工具

电动工具是指用手握持操作，以小功率电动机作为动力，通过传动机构来驱动作业工作头的工具。常见的电动工具有电钻、电动砂轮机（见图 2–5–24）、电动扳手和电动旋具、电锤（见图 2–5–25）和冲击电钻等。

图 2–5–24　电动砂轮机

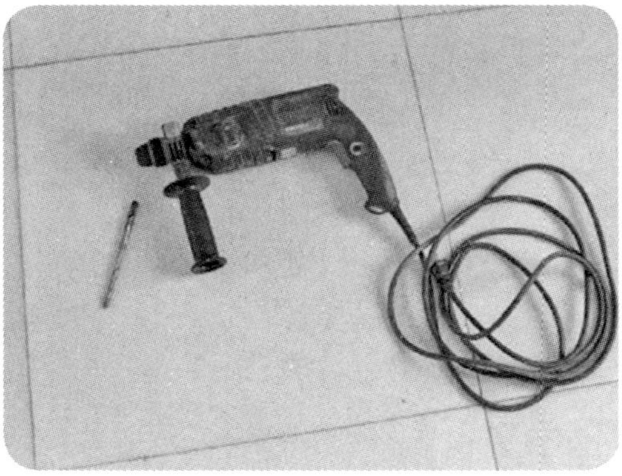

图 2–5–25　电锤

4. 举升设备

（1）千斤顶

在汽车维修保养工作中，千斤顶是一种最常用、最简单的起重工具，按照其工作原理分为液压式和机械式两类。两种千斤顶都具有体积小、质量轻的优点。常用的液压式千斤顶有卧式（推车式）和立式两种，规格则有 3 t、10 t、15 t 等，如图 2–5–26 所示。

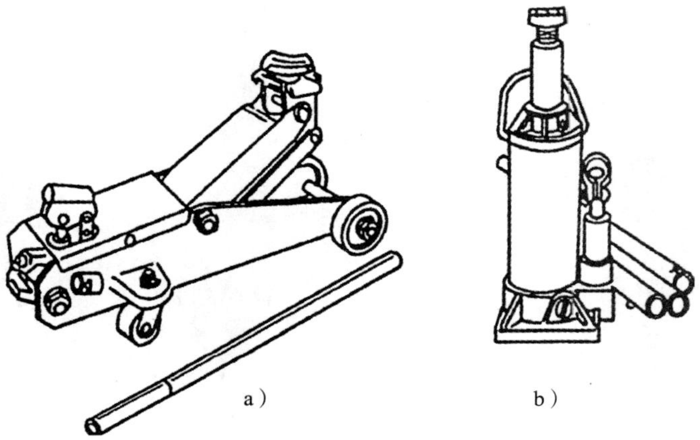

a）　　b）

图 2–5–26　液压式千斤顶

a）卧式　b）立式

常用的机械式千斤顶有立式和桥式两种。立式千斤顶（见图 2–5–27a）采用棘轮提升汽车，由于较为笨重，适合于车间内使用，常用规格为 3 t 和 5 t。桥式千斤顶（见图 2–5–27b）采用螺杆转动带动杆系形变的原理来举升车辆，其举升质量较小，但轻巧方便，适合轿车的检修，目前较为常用。

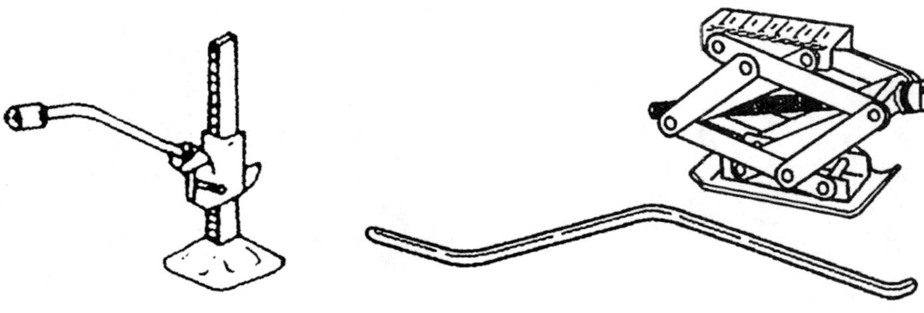

a）　　b）

图 2–5–27　机械式千斤顶

a）立式　b）桥式

（2）液压悬臂式移动吊车

液压悬臂式移动吊车由底座、移动车轮、主立柱、悬臂和液压举升机构组成，能起吊 2 t 以下的大型器件，如发动机总成、变速器总成等，如图 2-5-28 所示。在使用液压悬臂式移动吊车前，先确保其本身没有问题，为保证使用中吊车的稳定性，尽量使悬臂接杆缩短和底座可伸缩腿伸长。起吊时要缓慢，若吊车发生倾斜要及时终止操作；需要在空中移动起吊物时应尽量将其放低。

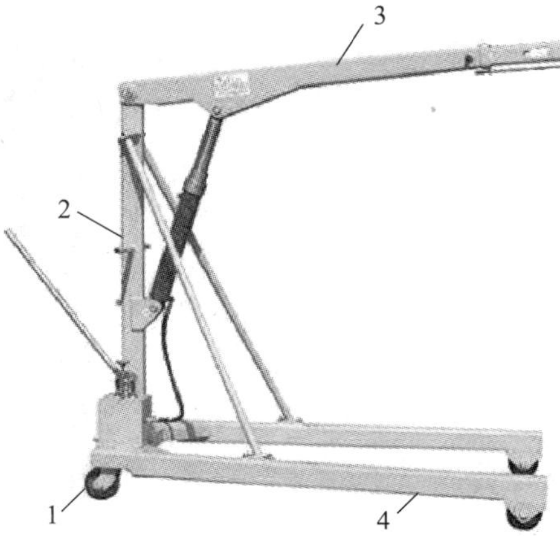

图 2-5-28　液压悬臂式移动吊车

1—移动车轮　2—主立柱　3—悬臂　4—底座（可伸缩）

（3）举升机

举升机是汽车维护与保养作业中必不可少的车辆举升设备，常用举升机有双柱式举升机、四柱式举升机、剪式举升机等几类。

1）双柱式举升机（见图 2-5-29）。为电动液压式或电动链条牵引式，使用开关操纵，升降方便，适合 3 t 以下的轿车、轻型车的使用。

图 2-5-29　双柱式举升机及其操纵开关

2）四柱式举升机（见图 2–5–30）。为电动液压式或电动链条牵引式，升降方便，稳定性好。提升质量可达 8 t，能适合载货汽车等较大车辆的维护使用。缺点是占用场地大，适合综合性汽车修理厂。

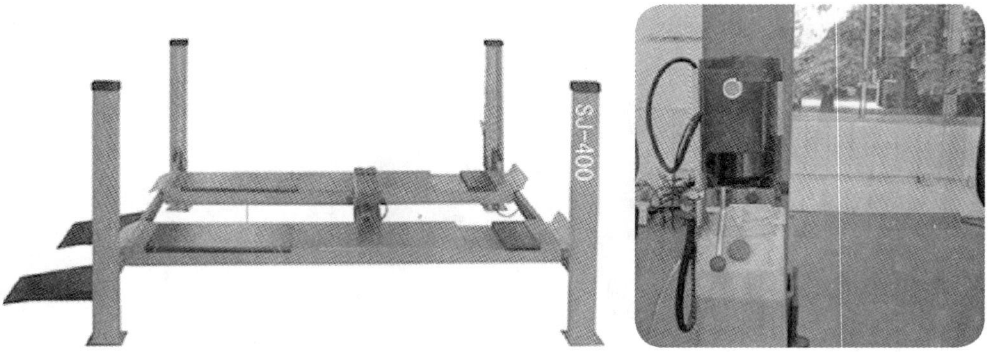

图 2–5–30　四柱式举升机及其操纵开关

3）剪式举升机（见图 2–5–31）分为大剪（子母式）、小剪（单剪）两种形式，是用于汽车维修行业的汽车修理机械。

图 2–5–31　剪式举升机及其操纵开关

三、一般汽车检测仪器的使用

1. 汽车诊断仪

汽车诊断仪是专门针对汽车检测的专业仪器，可实时检测车辆的性能，并对车辆故障进行检测，如图 2–5–32 所示。汽车诊断仪的主要功能有读取故障码、清除故障码、读取数据流、读取冻结帧、动作测试等。

2. 蓄电池测试仪

如图 2-5-33 所示，汽车蓄电池测试仪是用于对铅酸蓄电池进行工作状况检测的专业设备，蓄电池对于汽车来说，尽管在成本上所占的比重不高，但它对整部汽车却起着举足轻重的作用。

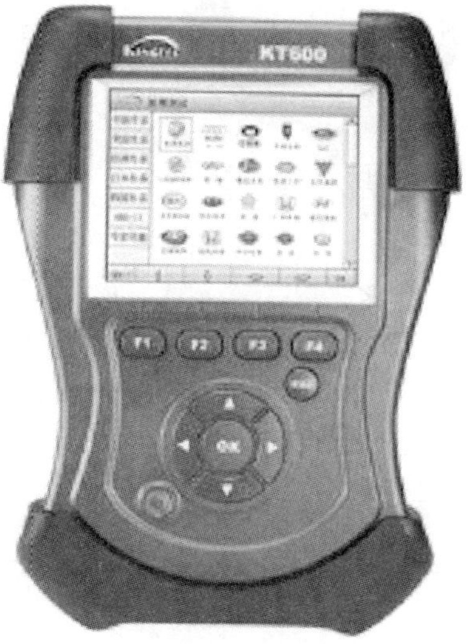

图 2-5-32　汽车诊断仪

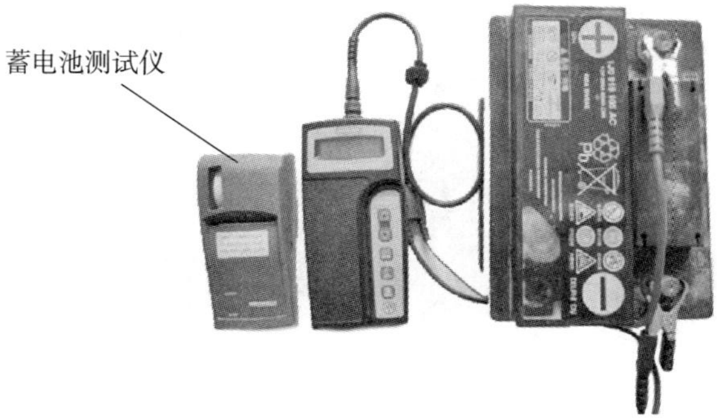

图 2-5-33　蓄电池测试仪

3. 燃油压力测试仪

燃油压力测试仪用于测试燃油系统的压力和泄漏等，如图 2-5-34 所示为大众汽车燃油压力测试仪。

图 2-5-34　燃油压力测试仪

4. 机油压力测试仪

机油压力测试仪具有抗冲击力的设计，压力表带橡胶防护罩壳，是机油压力测试和机油压力开关功能检查的必备工具。如图 2-5-35 所示为大众汽车机油压力测试仪。

5. 自动变速器油液压力表

如图 2-5-36 所示为自动变速器油液压力表，可用于测量自动变速器油液压力，须与油压表连接器和油压表适配器组合使用，并连接于自动变速器箱体预留的油压压力检测孔，然后测量自动变速器在各挡位时主、次油道内的压力值。

图 2-5-35　机油压力测试仪

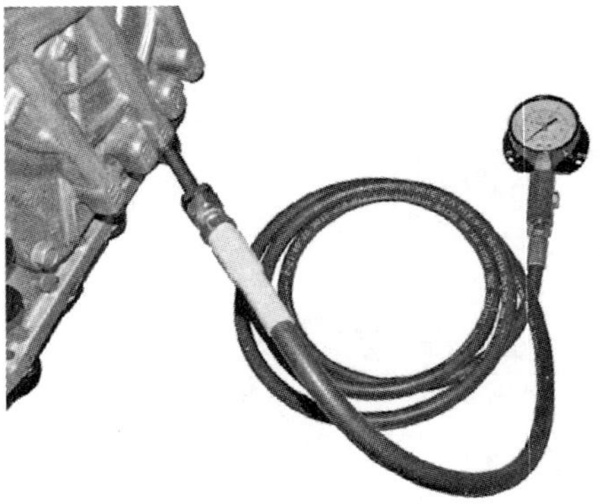

图 2-5-36　自动变速器油液压力表

课程 2-6　汽车构造

学习内容

学习单元	课程内容	培训建议	课堂学时
汽车构造	1）汽车的总体构造 2）发动机的总体构造 3）底盘的总体构造 4）汽车电气设备与电子控制装置 5）车身结构和作用	（1）方法：讲授法、演示法 （2）重点与难点：汽车电气设备与电子控制装置	10

学习单元　汽车构造

一、汽车的总体构造

汽车是由上万个零部件组成的结构复杂的机动交通工具，其结构都由发动机、底盘、电气设备和车身四大部分所组成，如图 2-6-1 所示。

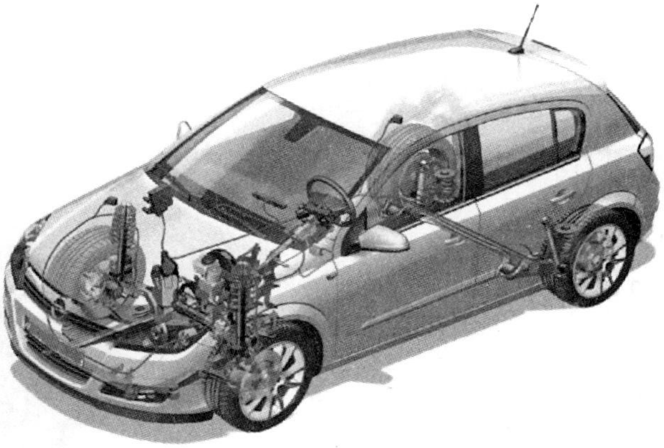

图 2-6-1　汽车透视图

1. 发动机

发动机是将化学能变为机械能的一种装置。它由两大机构五大系统组成，具体是曲柄连杆机构、配气机构两大机构，燃料供给系统、起动系统、点火系统、冷却系统、润滑系统五大系统组成，其中柴油发动机没有点火系统。

2. 底盘

汽车底盘由传动系统、行驶系统、转向系统、制动系统四大系统组成。底盘的作用是支承、安装汽车发动机及其他部件、总成，形成汽车的整体造型，并传递发动机的动力，使汽车产生运动，保证正常行驶。

3. 电气设备

电气设备由电源组、发动机起动系统和点火系统、汽车照明系统和信号装置等组成。此外，在现代汽车上越来越多地装用各种电子设备：微处理机、中央计算机系统及各种人工智能装置［防抱死制动系统（ABS）、安全气囊、定速巡航、全球定位系统（GPS）等］，显著地提高了汽车的性能。

4. 车身

车身是驾驶员工作的场所，也是装载乘客和货物的场所。车身为驾驶员提供方便的操作条件，以及为乘客提供舒适安全的环境或保证货物完好无损。轿车、客车的车身一般是整体结构，货车车身一般是由驾驶室和货厢两部分组成。

二、发动机的总体构造

1. 曲柄连杆机构

曲柄连杆机构是发动机实现工作循环、完成能量转换的主要运动机构。它由活塞连杆组和曲轴飞轮组等组成，如图 2–6–2 所示。在做功行程中，活塞承受燃气压力在气缸内做直线运动，通过连杆转换成曲轴的旋转运动，并从曲轴对外输出动力，而在进气、压缩和排气行程中，飞轮释放能量又把曲轴的旋转运动转化成活塞的直线运动。

图 2–6–2　曲柄连杆机构

2. 配气机构

配气机构的功用是根据发动机的工作顺序和工作过程，定时开启和关闭进气门和排气门，使可燃混合气或空气进入气缸，或使废气从气缸内排出，实现换气过程。配气机构大多采用顶置气门式配气机构，一般由气门组、气门传动组和气门驱动组组成，如图 2–6–3 所示。

3. 燃料供给系统

汽油机燃料供给系统的功用是根据发动机的要求，配制出一定数量和浓度的混合

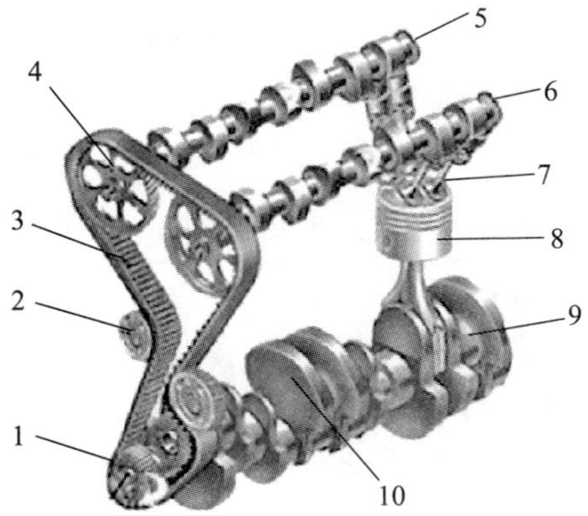

图 2-6-3　配气机构

1—曲轴带轮　2—张紧轮　3—正时传动带　4—凸轮轴带轮　5—进气凸轮轴
6—排气凸轮轴　7—排气门　8—活塞　9—曲轴　10—曲轴平衡块

气，供入气缸，并将燃烧后的废气从气缸内排出，如图 2-6-4 所示；柴油机燃料供给系统的功用是把柴油和空气分别供入气缸，在燃烧室内形成混合气并燃烧，最后将燃烧后的废气排出。

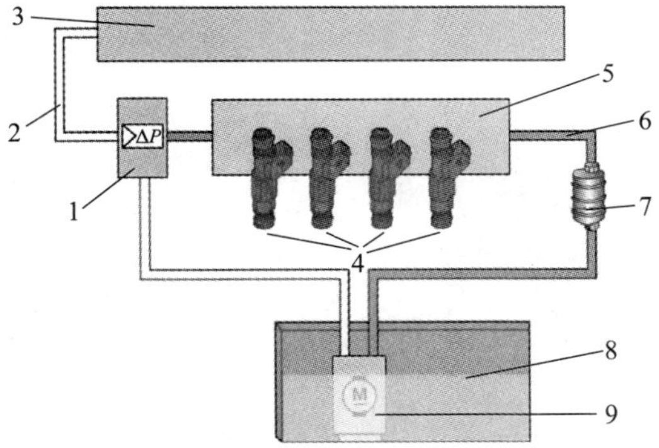

图 2-6-4　燃油供给系统

1—燃油压力调节器　2—真空管　3—进气歧管　4—喷油器　5—燃油分配管
6—进油管　7—燃油滤清器　8—油箱　9—燃油泵

4. 润滑系统

润滑系统的功用是向做相对运动的零件表面输送定量的清洁机油，以实现液体摩擦，减小摩擦阻力，减轻机件的磨损，并对零件表面进行清洗和冷却。润滑系统通常由润滑油道、机油泵、机油滤清器和一些阀门等组成，如图 2-6-5 所示。

5. 冷却系统

冷却系统的功用是将受热零件吸收的部分热量及时散发出去，保证发动机在最适宜的温度状态下工作。水冷发动机的冷却系统通常由散热器、水泵、水套、风扇、水箱、节温器等组成，如图 2–6–6 所示。

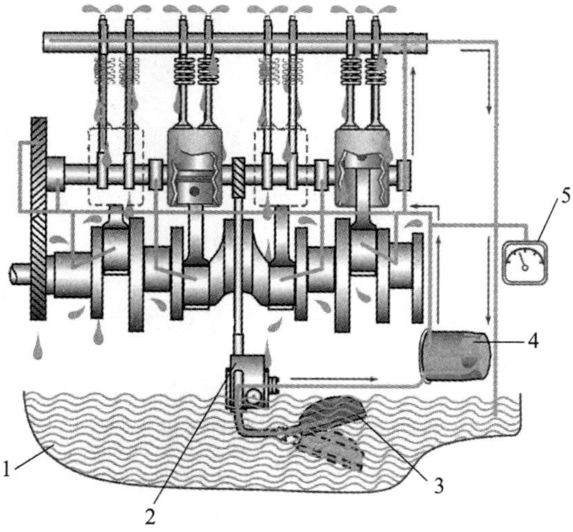

图 2–6–5　润滑系统
1—油底壳　2—机油泵　3—机油悬浮球　4—机油滤清器　5—油压表

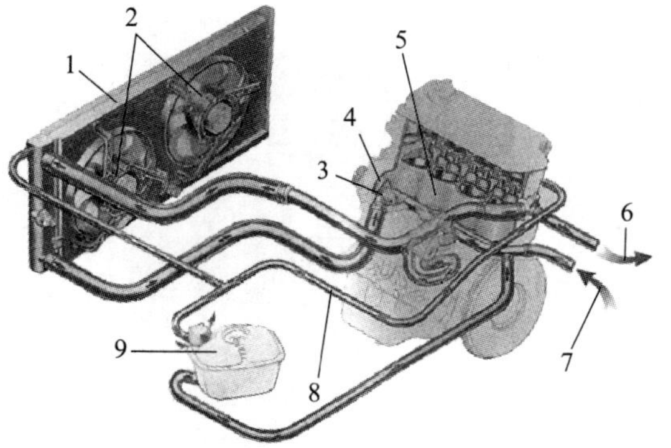

图 2–6–6　冷却系统
1—散热器　2—风扇　3—节温器　4—水泵　5—气缸体水套　6—接散热器
7—接暖风装置　8—发动机水套排气管　9—冷却液膨胀箱

6. 点火系统

在汽油机中，气缸内的可燃混合气是靠电火花点燃的，为此，在汽油机的气缸盖上装有火花塞，火花塞头部伸入燃烧室内。能够按时在火花塞电极间产生电火花的全部设备称为点火系统。点火系统通常由蓄电池、发电机、分电器、点火线圈和火花塞等组成，如图 2–6–7 所示。

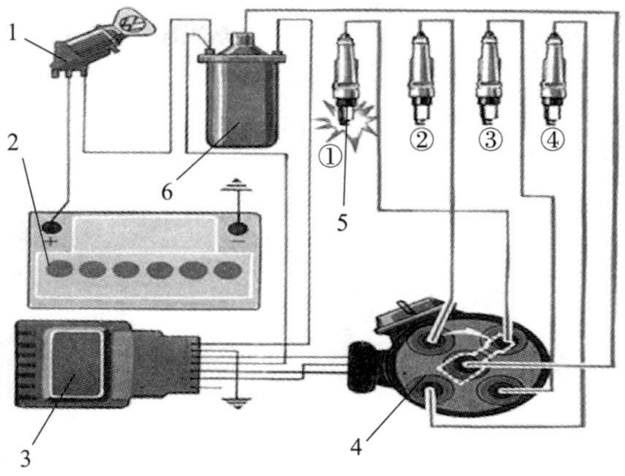

图 2-6-7　点火系统
1—点火开关　2—蓄电池　3—ECU*　4—分电器　5—火花塞　6—点火线圈

7. 起动系统

要使发动机由静止状态过渡到工作状态，必须先用外力带动发动机的曲轴，使活塞做往复运动，使气缸内的可燃混合气燃烧膨胀做功，推动活塞向下运动并带动曲轴旋转，这样发动机才能自行运转。因此，曲轴在外力作用下开始转动到发动机开始自动怠速运转的过程，称为发动机的启动过程。完成启动过程所需的装置，称为发动机的起动系统，如图 2–6–8 所示。

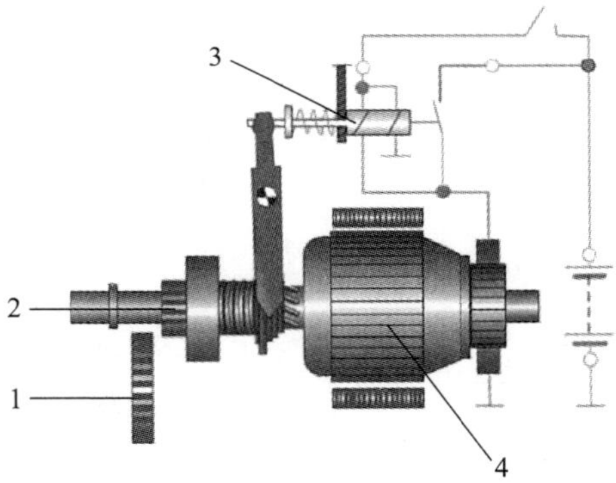

图 2-6-8　起动系统
1—飞轮齿圈　2—起动机驱动齿轮
3—磁芯　4—起动机

三、底盘的总体构造

1. 传动系统

传动系统的结构和布置形式有很多，但构成传动系统的各组成部分基本相同。根据传动系统的作用和要求，其结构主要由离合器、变速器、万向传动装置、主减速器、差速器、半轴等组成，如图 2–6–9 所示。

* ECU，即 Electronic Control Unit，电子控制单元。

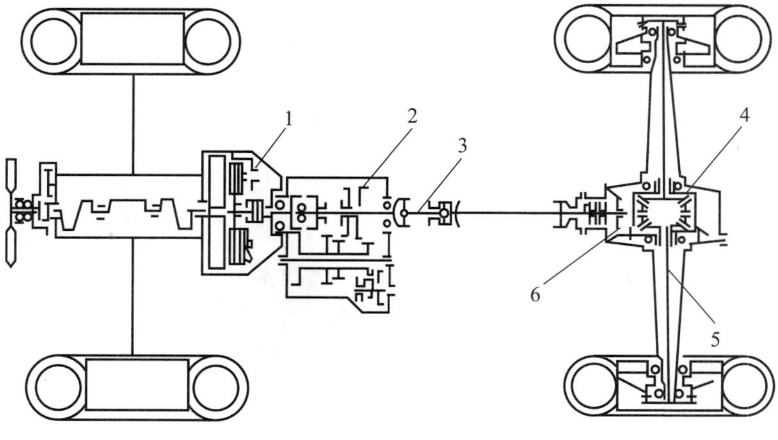

图 2-6-9　传动系统结构组成

1—离合器　2—变速器　3—传动轴　4—差速器　5—半轴　6—主减速器

2. 行驶系统

汽车行驶系统一般由车架、车桥、车轮和悬架组成，如图 2-6-10 所示。

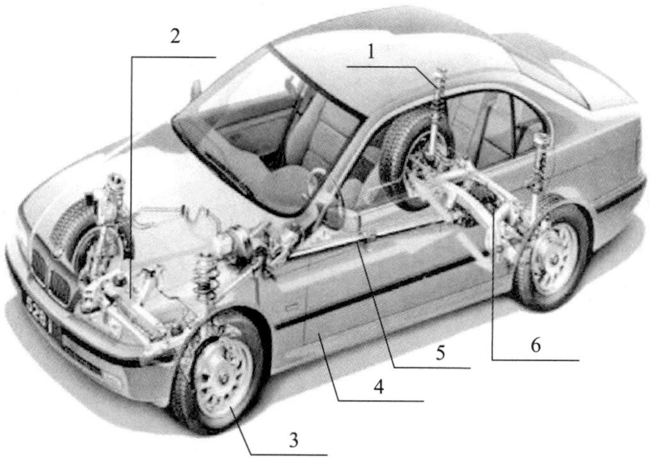

图 2-6-10　汽车行驶系统

1—悬架　2—前桥　3—车轮　4—车架　5—传动轴　6—驱动桥

3. 转向系统

汽车转向系统按转向力能源的不同，可将转向系统分为机械转向系统和动力转向系统。

机械转向系统的能量来源是人的体力，所有传力件都是机械的，由转向操纵机构、转向器、转向传动机构三大部分组成。其中，转向器是将操纵机构的旋转运动转变为传动机构的直线运动（严格讲是近似直线运动）的机构，是转向系统的核心部件。

动力转向系统除具有以上三大部件外，还具有转向助力装置。由于转向助力装置最常用的是一套液压系统，因此还装有泵、油管、阀、活塞和储油罐等，如图 2–6–11 所示。它们分别相当于电路系统中的电池、导线、开关、电动机和地线的作用。

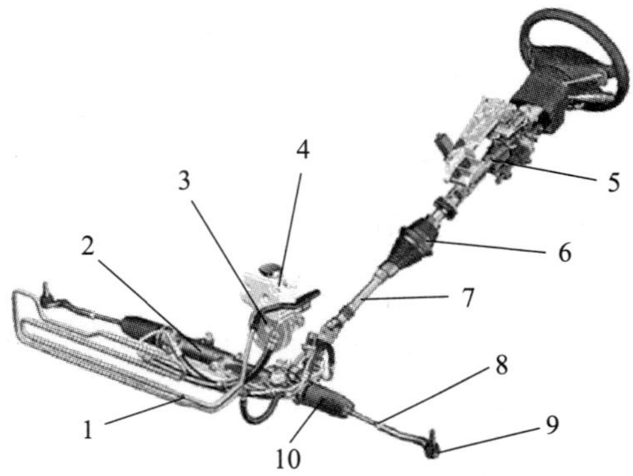

图 2-6-11　液压转向系统

1—回油管　2—动力缸　3—助力转向泵　4—储油罐

5—转向柱　6—万向节　7—传动轴　8—横拉杆　9—球头销　10—防尘罩

4. 制动系统

车辆行驶中需随时控制车速、减速直至紧急停车。这就需要一个能使其减速直至稳妥停放的系统——制动系统。现代汽车制动系统虽然其结构各有不同，但主要由制动力传动装置和车轮制动器两大部分组成，如图 2–6–12 所示。

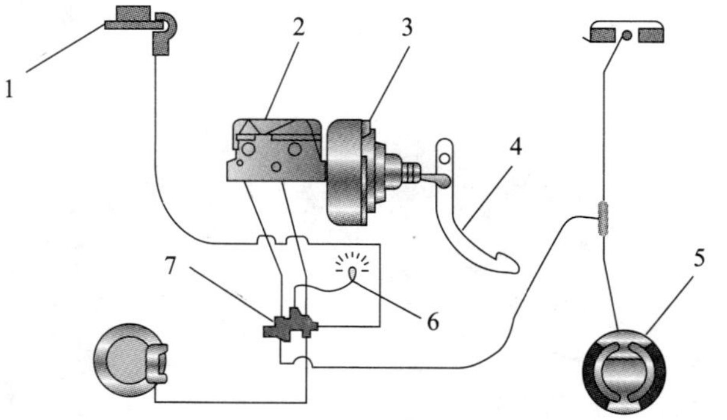

图 2-6-12　制动系统的组成

1—前轮盘式制动器　2—制动总泵　3—真空助力器　4—制动踏板

5—后轮鼓式制动器　6—制动警示灯　7—制动组合阀

四、汽车电气设备与电子控制装置

1. 汽车电气设备

现代汽车的电气设备种类和数量都很多，但总的来说，可以分为电源、用电设备等几部分。

（1）电源

汽车电源包括蓄电池、发电机及调节器。发动机不工作时由蓄电池供电，发动机启动后，由发电机供电。在发电机向用电设备供电的同时，也给蓄电池充电。调节器的作用是在发电机工作时，保持其输出电压的稳定。

（2）用电设备

1）起动系统。起动系统主要包括起动机及其控制电路，用来启动发动机。

2）点火系统。点火系统用来产生电火花，点燃汽油机中的可燃混合气。其主要包括点火线圈、点火器、分电器、火花塞等。

3）照明系统。照明系统包括车外和车内的照明灯具，提供车辆安全行驶的必要照明。

4）信号装置。汽车上的信号装置有灯光信号装置和音响信号装置。

5）仪表及报警装置。用来监测发动机及汽车的工作情况，使驾驶员能够通过仪表、报警装置及时监测发动机和汽车运行的各种参数及异常情况，确保汽车正常运行。它包括车速里程表、发动机转速表、冷却液温度（水温）表、燃油表、电压（电流）表、机油压力表、气压表和各种报警灯等，如图 2–6–13 所示。

6）辅助电气设备。辅助电气设备包括风窗电动刮水器、风窗洗涤器、空调系统、

图 2–6–13　汽车仪表

汽车视听设备、车窗玻璃电动升降器、电动座椅、电动天窗、电动后视镜等。车用辅助电气设备有日益增多的趋势，主要向舒适、娱乐、保障安全等方面发展。

2. 汽车电子控制装置

当前汽车电子控制技术大致可分为发动机控制、汽车底盘控制、车身电子技术。

（1）发动机控制用于实现低油耗、低污染，提高汽车的动力性、经济性，主要有汽油喷射发动机集中控制系统和电控柴油喷射系统。

（2）汽车底盘控制系统用于提高汽车的舒适性、安全性和动力性等，主要有电控自动变速器、电控悬架、制动防抱死 / 防滑控制系统（ABS/ASR）、电控动力转向、牵引力控制、智能巡航控制等。

（3）车身电子技术包括汽车安全、舒适性控制和信息通信系统，主要有安全气囊系统、安全带、中央防盗门锁、全自动空调、多功能电动座椅、多媒体界面（MMI）、电动车窗和满足多种用电设备需求的新型电源管理系统，还有导航系统、车载网络系统、状态监测与故障诊断系统等。

五、车身结构和作用

1. 车身的作用

（1）车身可以隔离汽车行驶时的振动、噪声、废气以及恶劣气候的影响，为驾驶员提供良好的操作条件和舒适的工作场所，以及为乘员提供舒适的乘坐条件。

（2）保证完好无损地运载货物且装卸方便。

（3）车身结构和设备可以保证行车安全和减轻事故后果。

（4）车身合理的外部形状可以在汽车行驶时有效引导周围的气流，提高汽车的动力性、燃料经济性和行驶稳定性，改善发动机的冷却条件和驾驶室内的通风。

2. 车身结构

（1）典型的轿车车身壳体结构（见图 2–6–14）

为了省去笨重的车架而使汽车轻量化，绝大多数轿车车身都采用承载式结构。其特点是车身没有明显的骨架，车身是由外部覆盖件和内部钣金件焊合而成的空间结构。

现代轿车承载式车身壳体前部都有副车架，在副车架上安装发动机、传动系统、

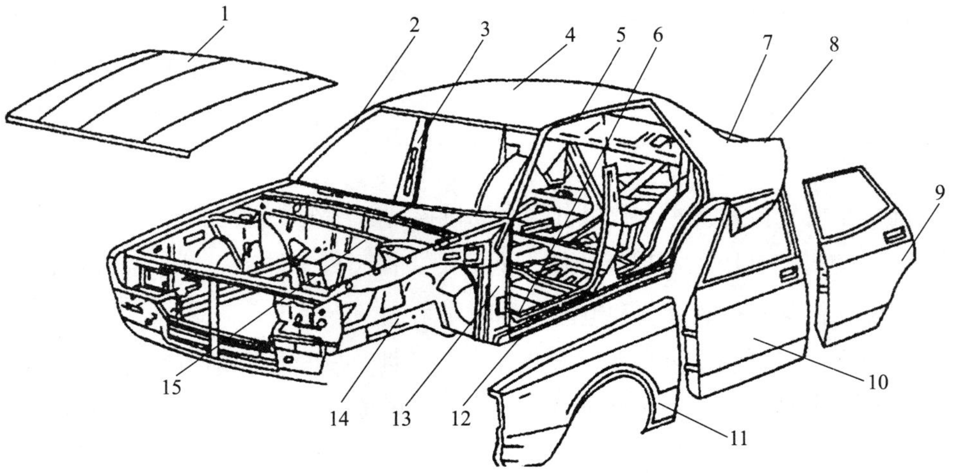

图 2-6-14　轿车车身壳体结构

1—发动机罩　2—前窗柱　3—中柱　4—车顶　5—车顶边梁　6—车底
7—行李箱　8—后翼子板　9—后门　10—前门　11—前翼子板　12—门槛
13—前门立柱　14—前悬架支承板　15—中间隔板

前悬架和前轮，组合成便于装配和维修的整体。副车架与承载式车身前部的下方用弹簧橡胶垫连接，以隔离振动和冲击，提高车身的舒适性。

（2）典型的驾驶室壳体结构

绝大多数货车驾驶室都是非承载式的结构，驾驶室没有明显的骨架，由外部覆盖件和内部钣金件焊合成壳体，通过 3 个或 4 个弹性悬架与车架连接。

（3）客车车身的壳体结构

1）半承载式车身的壳体结构。其特点是在客车专用底盘上将车架用若干悬臂梁加宽并与车身侧壁刚性连接，使车身骨架也分担车架的一部分载荷，其中车架由两根前后直通的纵梁与若干横梁等组成。许多国产大中型客车车身均采用这种结构形式。

2）承载式车身结构。底架是薄钢板冲压或用型钢焊制的纵、横格栅，以取代笨重的车架。所有车身壳体构件（包括蒙皮）都参与承载，互相协调强化，充分发挥材料的潜力，使车身质量最小而强度和刚度最大。

课程 2-7　安全生产与环境保护知识

学习内容

学习单元	课程内容	培训建议	课堂学时
安全生产与环境保护知识	1）安全防火和安全用电知识 2）环保法规及相关知识 3）车用油品的储存和使用 4）废弃物品和废弃油品处理 5）危险化学品管理知识 6）汽车维修作业安全管理知识 7）汽车维修设备、检测仪器和专用工具安全操作规范 8）现场急救知识 9）汽车尾气排放相关法规	（1）方法：讲授法、实训法、案例教学法 （2）重点与难点：汽车维修设备、检测仪器和专用工具安全操作规范	2

学习单元　安全生产与环境保护知识

一、安全防火和安全用电知识

1. 安全防火知识

在汽车维修车间，经常接触和使用易燃、易爆品，如机油、汽油、涂料、带油污的抹布等。有时在检修过程中，还会接触一些易燃、易爆的设备，如汽车油箱、汽油储罐、便携式油罐以及一些电动工具、电动机等。在生产过程中，必须正确地使用、保管和存放上述物品和设备，以免操作失误和疏忽大意酿成火灾。因此，做好企业的消防安全工作，让人们懂得火灾发生的原因，明确哪些地方存在火灾隐患并积极预防，是极为重要的。

为避免火灾发生，应在车间明显位置写上警示标语，在易燃、易爆物品存放处贴上“禁止烟火”标志，同时还应使员工熟悉以下知识，以避免火灾的发生。

（1）汽油罐

汽油是一种极易爆炸和燃烧的燃料，通常装在汽油罐里，罐外涂有红色标志，并有出油口和通风口。

（2）小型汽油罐

这种容器可用于存放多种燃料和油类，然后将这些小容器再存放在防爆橱内。

（3）密闭容器

在汽车维修车间里有许多油污的抹布，这些抹布可能会自燃起火。自燃是一种化学反应。由于布料中的油脂氧化使热量缓慢积聚，造成热量不断增加直至达到着火温度，燃料便开始燃烧，造成火灾。鉴于以上危险，应把有油污的抹布存放在密闭容器里。

（4）灭火器

灭火器是汽车维修车间的重要安全设备，在使用和管理方面，除按使用说明书操作外，还应遵循以下基本规则：

1）灭火器应设置在明显的地方，必要时还应设立标志牌，以便取用；不要把灭火器放在离可能发生火灾点太近的地方。消防器材附近不能堆放杂物，以保持道路畅通。

2）拉开灭火器开关前，在保证自己不受伤的前提下，尽可能靠近火源。因为灭火剂会很快释放尽，大多数小型干粉灭火器只能释放 8 ~ 25 s。

3）在自己身后保留一个门或其他逃脱出口，一旦火势无法控制，可以很容易地逃脱。

4）灭火器要专物专用，定期保养，检查存放地点是否适当，机件是否损坏，灭火剂是否过期。

2. 安全用电知识

（1）安全电压

一般情况下，36 V 以下的电压是安全的，但在潮湿的环境中，安全电压应在

24 V，甚至 12 V 以下。我国规定了 6 V、12 V、24 V、36 V 和 42 V 五个安全电压等级。

（2）触电机理

通过人体电流达 0.01 A 左右，除疼痛和强烈的肌肉挛缩外，触电者握住导体的手难以脱离反而握得更紧，除非数秒内切断电源，否则皮肤将被烧伤起泡，其电阻随之迅速下降，电流持续数秒可造成心室纤维性颤动，心脏血液终止泵出。症状通常在受害者脱离后仍继续。如果不能得到紧急治疗，将导致死亡，及时进行人工呼吸可能挽救性命。如电流流过肢体，不流经重要器官，生命危险小些，但可能造成截肢。

（3）安全用电与预防措施

1）发现电器设备冒烟或闻到异味（焦味）时，要迅速切断电源，通知电工检查和维修，避免扩大故障范围和发生触电事故。

2）操作者在电工维修设备的时候，不能擅自离开，要进行监护，等待维修完毕后试车。

3）发现电线破损要及时更换或用绝缘胶布扎好，严禁用普通医用胶布或其他胶带包扎。

4）熟悉生产现场或宿舍主电路开关位置，一旦发生火灾、触电或其他电气事故时，应第一时间切断电源，避免造成更大的财产损失和人身伤亡事故。

5）对规定使用接地的用电器具金属外壳做好接地保护或加装漏电保护器，要使用三线插座、插头和安装接地线。

6）珍惜电力资源。养成安全用电和节约用电的良好习惯，当要长时间离开或不使用电时，要切断电源（特别是电热电器）才能离开。

7）操作带电设备时，不得用手触摸带电部位，不得用手接触导电体来判断是否有电。

8）发现落地的电线，要离开电线 10 m 以外，更不要用手去碰；同时，要设法看护落地电线，并请电工来处理，以防他人触电。

9）不要在灯泡开关、熔丝盒和电线附近放置油类、棉花、木屑等易燃物品，以防发生电气火灾。

二、环保法规及相关知识

汽车所排放的污染物主要有 CO、HC、NO_x、光化学烟雾、固体颗粒物等。其对环境的影响主要有两个方面，一是对大气环境造成污染；二是参与形成光化学烟雾，进一步恶化空气质量。污染物种类不同，对人的健康危害也有所不同。

1. CO

CO与血液中的血红蛋白结合，形成碳氧血红蛋白，从而使这部分血红蛋白失去输送氧气的能力，造成血液输氧能力下降，导致人体缺氧。

2. HC

可以使人的骨髓功能减弱，血小板减少，刺激眼、鼻、呼吸道，危害植物，也是形成光化学烟雾的因素。

3. NO_x

它由96%～98%的NO和2%～4%的NO_2构成，其中，NO_2危害眼睛、呼吸道和肺。NO_x可使纤维、塑料、橡胶、电子材料提前老化，并参与形成光化学烟雾。

4. 光化学烟雾

它由臭氧O_3、多种过氧化物及多种游离基组成，强烈刺激眼睛、呼吸道，诱发癌症，腐蚀金属、橡胶，降低空气能见度。

5. 固体颗粒物

它由炭粒、铅氧化物和多种高分子氧化物构成。其中，铅氧化物可以损害心、肺、造血系统，降低智力；碳烟中的有害物质致癌，降低空气能见度，附着物体表面，影响美观，腐蚀金属。

三、车用油品的储存和使用

1. 汽油

汽油是一种易挥发、易燃烧的无色或淡黄色透明液体。汽油在储存和使用时要注意以下几点：

（1）储存汽油的容器不要使用塑料桶或玻璃容器，因为塑料桶会产生静电，而玻璃容器则易破裂，最好用金属容器盛装。汽油桶盖一定要旋紧，以防汽油蒸气的挥发。

（2）汽油存放的地点应选择在远离高温、火源及人们不易碰到的地方，不可放在门后、走道、床下和楼梯间，以免发生不测。

（3）存放汽油的房间如有浓重的汽油味时，要及时查找原因，但绝对不能点火照明。不能用抹布使劲擦，以免产生静电起火，引燃存放的汽油及其他可燃物。

（4）汽油桶在使用或灌装时，要谨慎小心，防止油花四溅，此时要绝对禁止吸烟或动用明火。加完油后要及时把油箱盖好，把溢出来的油揩拭干净，并且将用来擦油的纱头、干布妥善处理。

2. 柴油

柴油在储运过程中容易产生氧化变质，因此：

（1）储存容器和添加柴油的油桶应保持清洁。

（2）为减少柴油与空气接触，应做到密闭储存，减少不必要的倒装。

（3）注意防晒、降温及温度变化。

（4）在风、雨、雪天气，应避免在室外加油。在室外储存的油桶应略微倾斜，以免雨水从桶口渗入，并及时消除桶面上的积水。

3. 机油

机油在储存和使用时要注意以下几点：

（1）不可直立放于露天环境，以防止水分及杂物的入侵污染。

（2）室内储存可立放，桶面朝上，方便抽取。

（3）保持桶身清洁，标识清晰。拧紧封口盖，保持油桶密封。

（4）保持地面清洁，便于漏油时及时发现。

（5）频繁抽取的油品应放置在油桶架上，用开关控制流放。

（6）新油与废油分开放置，装过废油的容器不可装新油，以防污染。

四、废弃物品和废弃油品处理

汽车在维护保养时会产生大量的废弃机油，必须将废弃油品进行妥善处理：

1. 产生的所有废油必须集中回收于容器内，不得将废油排入水沟、地面或乱倒，以免造成环境污染和影响污水零排放的正常运行。

2. 废油应贮存在无火灾风险的场所，并设置警示标志。

3. 废油应交给有相应资质的单位或机构，不得私自处置。

4. 废油存放处，严禁吸烟，应配备足够的消防设施，着火时严禁用水灭火。

5. 应定期进行废油桶检查，确保废油不泄漏。

6. 收集废油的过程中，应避免容器损坏、废油外溢或散落于收集区域附近。

五、危险化学品管理知识

汽车维修过程中使用的汽油、柴油、清洗剂、香蕉水、油漆等都属于危险化学品。接触危险化学品的使用人员工作前必须穿戴好专用的防护用品；使用危险化学品的工作区域，应根据化学物品的种类、性能设置相应的通风、防火、防爆、防毒隔离等安全设施；危险化学品及其用后的包装箱、纸袋、瓶桶等，必须严加管理，统一回收，任何单位和个人不得随意倾倒危险化学品及其包装物。

六、汽车维修作业安全管理知识

1. 维修车间应有车辆的专用通道、车辆的移动路线，并设置必要的限速牌、转弯处的反光镜等交通设施。维修车间的车辆通道上不要停放车辆，不要摆放任何物品。电路配置应合理，插座布局满足要求，并配有漏电保护器。

2. 维修企业的特种作业人员，必须按国家有关规定经专门的安全作业培训，取得特种作业资格证书，方可上岗作业。在工作场所进行工作时，应当穿戴劳动防护用品，包括护目镜、工作帽、手套、工作鞋及工作服等。

3. 维修人员应了解作业场所和工作岗位存在的危险因素、防范措施以及事故应急措施，及时对维修企业的安全生产工作提出建议。维修作业时，应当严格遵守本企业的安全生产规章制度和操作规程，服从管理，正确使用劳动防护用品。

4. 维修人员发现事故隐患或不安全因素，应当及时向现场管理人员汇报，接到报告的人员应当及时处理。企业管理人员不得违章指挥，不能违反安全生产法律、法规，侵犯维修人员合法利益。

5. 维修操作过程中的安全主要包括以下几个方面：

（1）当进行车辆检修时，要拔下点火钥匙，防止他人启动车辆。

（2）维修运转状态的发动机时，应注意防止风扇叶片打伤或高温件烫伤事故。发动机温度很高时，不能用手直接打开散热器盖，以防被高温液体烫伤。

（3）发动机启动前应检查机油、冷却液是否符合要求；变速杆是否在空挡位置；拉紧驻车制动。在室内启动应打开门窗，使空气畅通。启动后，应立即切断油路或气路，以免发生“飞车”事故。试验发动机时，不得在车下作业。

（4）制动系统放气时，应当在放气螺塞上接上专用的储液瓶，以防制动液飞溅损伤眼睛或飞溅到轮胎、油漆上而造成损失。制动系统维修后应进行制动系统放气方可挂挡行驶。

（5）检修汽车电路时，不可乱拉电线。对于经常烧断熔丝的故障，应当查明故障原因，不可换上大容量的熔丝或用铜丝代替熔丝。

（6）修理油箱需要放油时，周围应严禁烟火，并停止电焊作业。

（7）拆卸高温、高压状态下的零部件，先要进行降温降压，以防高温烫伤或高压喷液伤人。

七、汽车维修设备、检测仪器和专用工具安全操作规范

1. 维修工具的安全要求

（1）作业中应使用大小合适的扳手。

（2）一字或十字旋具只能用来拧螺钉，切勿当作样冲或撬棒使用。

（3）鲤鱼钳有固定、夹紧、挤压和剪切作用，但不能用于转动。

（4）当使用切削工具时，一定要使金属屑朝远离身体的方向飞出，使双手以及手指处在刀口的后边。手柄应清洁、干燥。

（5）动力、手动或冲击工具的套筒不应互换使用，否则会导致损坏。

（6）切勿用锤子敲击锉刀或把锉刀当作撬棒使用。

（7）使用敲击工具时，要戴合适的眼睛保护装置。

（8）切勿把尖的或削尖的工具放在衣袋里。

2. 维修设备的安全要求

（1）维修企业必须对安全设备进行经常性的维护，并定期检测，保证设备正常运行。

（2）对设备的操作不了解或未经正确使用培训，切勿操作动力设备。开动设备前，应确认安全。

（3）操作机器设备时要全神贯注，不要环顾四周或与人交谈。

（4）随车千斤顶和移动式举升机器。使用前要检查千斤顶、举升器有无损坏，确保完好方可使用。

（5）使用举升机进行维修作业时，务必严格遵守举升汽车安全操作规则。

八、现场急救知识

1. 心肺复苏急救

当伤者心跳、呼吸骤停，必须争分夺秒，采用心肺复苏法（人工呼吸和胸外心脏按压）进行现场急救。

2. 伤口处置急救

人体在突发事故中引起的创伤，如割伤、刺伤、物体打击和碾伤等，常伴有不同程度的软组织和血管的损伤，造成出血，常用的止血方法有压迫止血法，即用手指或手掌用力压紧伤口附近靠近心脏一端的动脉跳动处，并把血管压紧在骨头上，就能起到临时止血的作用。另外，还有止血带止血法、加压包扎止血法和加垫屈肢止血法等。

3. 触电急救

（1）人触电以后，会出现神经麻痹，呼吸中断、心脏停止跳动等，呈现昏迷不醒的状态，触电急救的基本原则是动作迅速、方法正确。

（2）首先应立即使触电者脱离电源。如果触电者伤势不重，神志清醒，但有些心慌、四肢麻木、全身无力，或触电者曾一度昏迷，但已清醒过来，应让触电者安静休息，注意观察并请医生前来治疗。

（3）如果触电者伤势较重，已经失去知觉，但心脏跳动且呼吸尚未中断，应让触电者安静地平卧，解开其紧身衣服以利呼吸，保持空气流通，若天气寒冷，则注意保温，并速请医生治疗或送往医院。

（4）如果触电者伤势严重，呼吸停止或心脏停止跳动，应立即实施口对口人工呼吸或胸外心脏按压进行急救；若二者都已停止，则应同时进行口对口人工呼吸和胸外心脏按压急救，并速请医生治疗或送往医院。在送往医院的途中，不能中止抢救。

（5）为防止触电者脱离电源后摔倒，应准确判断触电者倒下的方向，特别是触电者身在高处的情况下，更要采取防摔措施。

（6）人在触电后，有时会有较长时间的“假死”现象，因此，救护人员应坚持进行抢救，不可轻易中止。但切不可给触电者打强心针。

（7）触电后，即使触电者表面的伤害看起来不严重，也必须接受医生的诊治。因为身体内部可能会有严重的烧伤。

九、汽车尾气排放相关法规

1. 汽油机排放标准

2005 年 5 月 30 日发布并于当年 7 月 1 日实施的国家标准 GB 18285—2005《点燃式发动机汽车排气污染物排放限值及测量方法（双怠速法及简易工况法）》，是我国点燃式发动机汽车排气污染物排放限值及测量方法的最新国家标准。

GB 18285—2005 规定了点燃式发动机汽车怠速和高怠速工况下排气污染物排放限值及测量方法，在标准的附录 B、C、D 中还规定了点燃式发动机轻型汽车稳态工况法、瞬态工况法和简易瞬态工况法三种简易工况测量方法。该标准适用于装用点燃式发动机的新生产车和在用汽车。

自 GB 18285—2005 实施之日起，全国点燃式发动机在用汽车排放监控，采用该标准规定的双怠速法排放污染物排放限值及测量方法；在机动车保有量大、污染严重的地区，也可按规定采用该标准附录 B、C、D 所列的简易工况法。

2. 柴油机排放标准

柴油机排放的可见污染物表现在排气烟色上。排气烟色主要有黑烟、蓝烟和白烟三种。黑烟的发暗程度用排气烟度表示，排气烟度用烟度计检测。烟度计可分为滤纸式、不透光式、重量式等多种形式。

2005 年 5 月 30 日发布并于当年 7 月 1 日实施的国家标准 GB 3847—2005《车用压燃式发动机和压燃式发动机汽车排气烟度排放限值及测量方法》，是我国车用压燃式发动机和压燃式发动机汽车排气烟度排放限值及测量方法的最新国家标准。

GB 3847—2005 适用于压燃式发动机和压燃式发动机汽车排气烟度的排放检测，包括发动机形式核准和生产一致性检查、新车形式核准和生产一致性检查、新生产汽车和在用汽车的检测。

自 GB 3847—2005 实施之日起，压燃式发动机在用汽车排放监控，采用该标准规定的排气烟度排放限值及测量方法。在机动车保有量大、污染严重的地区，可采用 GB 3847—2005 附录 J 中所规定的加载减速工况法。在用汽车的排放监控也可以采用目测法，由具有资质的人员对高排放汽车进行筛选。各省级有关行政主管部门可根据当地实际情况，确定在用汽车排放监控方案，选择自由加速法或加载减速工况法中的一种方法作为在用汽车排气污染物排放检测方法。

课程 2-8　质量管理知识

学习内容

学习单元	课程内容	培训建议	课堂学时
质量管理知识	1）质量管理的概念 2）质量管理的基本方法	（1）方法：讲授法 （2）重点与难点：质量管理的基本方法	2

学习单元　质量管理知识

一、质量管理的概念

质量管理是指确定质量方针、目标和职责，并通过质量体系中的质量策划、控制、保证和改进来使其实现的全部活动。

质量管理大师费根堡姆对质量管理的定义是：质量管理是“为了能够在最经济的水平上并考虑到充分满足顾客要求的条件下进行市场研究、设计、制造和售后服务，把企业内各部门的研制质量、维持质量和提高质量的活动构成为一体的一种有效的体系。”

二、质量管理的基本方法

汽车维修质量是维修企业的生命线。维修质量的好坏，是企业管理的综合反映，它关系着企业的生存和发展。不断提高维修质量，是企业管理的头等大事。

1. 制订质量管理计划

企业根据自身能力，不仅要有生产计划，同时还应制订明确的质量计划指标，作为组织质量管理和实现提高质量的奋斗目标。

维修质量指标一般用合格率表示。合格率是指维修合格的车辆在维修车辆总数中所占的比重。其计算公式是：合格率 = 合格辆次 / 维修总辆次 ×100%。

维修合格率不是指所修车辆本身的状况，而是反映车辆在整个维修过程中的质量水平。一般情况下，维修过程中的工作质量越好，合格率越高；反之，合格率就要相对降低。因此，利用合格率指标可以综合反映企业生产中的质量好坏，从而引起足够的重视，不断改进管理，提高质量。运用合格率指标分别对每道工序、每个班组、每个车间，直至整个企业进行考核。有时还用返修率、在厂车日（车时）等指标来考核整个企业的服务质量。返修率是指汽车回厂返修辆次与出厂汽车总数的比值。在厂车日（车时）是指维修车辆自入厂时起，直至竣工出厂时的日历天数（或小时总数）。

2. 建立质量分析制度

进行质量分析的重要步骤就是要了解情况，搞好调查研究。各级领导一方面要亲自动手，深入现场；另一方面，要组织科室、车间、班组人员，组成各类调查组深入现场，以质量为中心，从车辆进厂到竣工出厂，从维修机具到检验设备，从维修工人到管理干部，从上道工序到下道工序，从原材料配件出入库到外协件验收等方面，层层调查研究，为不断提高维修质量打下良好基础。

质量分析应当是经常的、全面的。厂部、车间、班组都要进行。既要分析发生的质量事故的原因，又要总结合格车辆的管理经验。前者是为了找出发生质量事故的原因和责任者，以便有针对性地采取技术组织措施。后者是为了全面掌握达到质量标准的规律，总结经验，鼓励先进，为进一步改善和提高质量奠定基础。

质量分析的方法，可从企业内部和企业外部两个方面进行。在企业内部，除了对日常质量检验的统计资料进行分析外，还可通过现场质量分析会、专项难点攻关等形式进行分析。在企业外部主要是组织质量调查组深入用户进行走访调查，更具体地了解使用单位的意见和要求，为进一步提高维修质量提供资料。

3. 制定提高维修质量措施

质量计划指标，应有切实可行的措施来保证。为了实现质量计划指标，就必须制定相应的具体措施。

（1）加强教育，提高全体员工的质量意识，做到人人关心质量，个个保证质量。这是保证和提高维修质量的先决条件。

（2）抓技术管理，建立健全各项有关质量管理的规章制度。做到岗位有职责，检验有标准，操作有规程，优劣有奖罚，不断提高质量管理水平。

（3）以质量为中心，依靠群众，积极推广和应用新技术、新工艺、新材料、新设备，不断提高维修质量和生产效率。

（4）加强职工的技术业务培训，练好基本功，不断提高工人技术水平。

（5）积极推行全面质量管理。

模块 3

法律、法规

课程 3-1　相关法律、法规知识

课程设置

课程	学习单元	课堂学时
3-1　相关法律、法规知识	相关法律、法规知识	2

课程 3-1　相关法律、法规知识

学习内容

学习单元	课程内容	培训建议	课堂学时
相关法律、法规知识	1)《中华人民共和国劳动法》相关知识 2)《中华人民共和国合同法》相关知识 3)《中华人民共和国消费者权益保护法》相关知识 4)《家用汽车产品修理、更换、退货责任规定》相关知识 5)《道路运输从业人员管理规定》相关知识 6)《机动车维修管理规定》相关知识 7)《汽车维护、检测、诊断技术规范》相关知识 8)《特种设备安全监察条例》相关知识 9)《液化天然气汽车专用装置安装要求》相关知识	（1）方法：讲授法 （2）重点与难点：对《机动车维修管理规定》的理解与掌握	2

学习单元　相关法律、法规知识

一、《中华人民共和国劳动法》相关知识

《中华人民共和国劳动法》(以下简称《劳动法》)于 1994 年 7 月 5 日由全国人民代表大会常务委员会第八次会议通过，并从 1995 年 1 月 1 日起开始施行。根据 2009 年 8 月 27 日第十一届全国人民代表大会常务委员会第十次会议《关于修改部分法律的决定》修正。《劳动法》以宪法为依据，全面规定了用人单位应遵守的劳动标准和行为规范，明确了法律责任和监督检查职责，是我国第一部全面调整劳动关系、规范劳动行为的基本法律，是制定其他劳动法律规范的重要依据。

1. 劳动者的权利和义务

根据《劳动法》规定，劳动者既享有一定的权利，又要履行一定的义务。即：劳动者享有平等就业权和选择职业的权利、取得劳动报酬的权利、休息休假的权利、获得劳动安全卫生保护的权利、接受职业技能培训的权利、享受社会保险和福利的权利、提请劳动争议处理的权利以及法律规定的其他权利。同时劳动者应当完成劳动任务、提高劳动技能、执行劳动安全卫生规程、遵守劳动纪律和职业道德。

权利和义务是统一和互为条件的，没有无权利的义务，也没有无义务的权利。

2. 劳动合同制度

劳动合同是用人单位与劳动者个人确立劳动关系，明确双方权利与义务的协议，建立劳动关系应当订立劳动合同，劳动合同依法订立即具有法律约束力，当事人必须履行劳动合同规定的义务。

订立劳动合同遵循的是平等自愿、协商一致和依法订立的原则。

劳动合同的内容包括劳动合同期限、工作内容、劳动保护和劳动条件、劳动报酬、劳动纪律、劳动合同终止的条件、违反劳动合同的责任及双方认为应当规定的其他事项。

3. 劳动保护制度和社会保险制度

（1）劳动保护制度

劳动保护制度包括劳动安全卫生制度和对女职工、未成年工的特殊保护制度。

劳动安全卫生制度包括安全技术规程、工业技术卫生规程、职工安全卫生行政管理制度、劳动保护监督制度等。

女职工特殊劳动保护的内容主要有男女平等就业权、同工同酬、禁忌劳动范围和经期、孕期、产期、哺乳期的特殊保护措施。

未成年工是指已满16周岁未满18周岁的劳动者。《劳动法》规定，不得安排未成年工从事矿山井下、有害有毒、国家规定的第四级体力劳动强度的劳动和其他禁忌从事的劳动。

（2）社会保险制度

社会保障制度是指国家或社会对劳动者在年老、失业、患病、工伤、生育等情况下给予物质帮助和补偿的一种制度。社会保险是现代社会保障制度的重要组成部分，它通过国家立法，强制征集专门资金用于保障劳动者在丧失劳动能力或劳动机会时的基本生活需求。社会保险既不同于社会救济，也不同于职工工资，其主要内容有养老保险、失业保险和医疗保险。

4. 劳动争议的处理

我国劳动争议是指劳动关系当事人在执行《劳动法》或履行劳动合同和集体合同发生的纠纷。用人单位与劳动者发生劳动争议，当事人可以依法申请调解、仲裁、提起诉讼，也可以协商解决。解决劳动争议应当根据合法、公正、及时处理的原则，依法维护劳动争议当事人的合法权益。

劳动争议发生后，当事人一方要求仲裁的，可以向劳动争议仲裁委员会申请仲裁。当事人一方也可以直接向劳动争议仲裁委员会申请。对仲裁不服的，可向人民法院起诉。

二、《中华人民共和国合同法》相关知识

1. 合同法的概念

合同也称契约，是指平等主体的自然人、法人、其他组织之间设立、变更、终止

民事权利义务关系的协议。

《中华人民共和国合同法》(以下简称《合同法》)是我国社会主义法律体系的重要组成部分，是调整合同关系的法律，是规定合同的订立、主要条款和履行的法律，是调整平等主体的自然人、法人、其他组织之间设立、变更、终止民事权利义务关系的法律规范的总称。《合同法》于1999年3月15日第九届全国人民代表大会第二次会议通过，于1999年10月1日起施行。该法对合同的概念、合同法调整的范围、合同法的基本原则、合同的订立、合同的效力、合同的履行、合同的变更和转让、合同权利义务的终止、合同的种类，以及违反责任都做了明确的规定，是我国第一部统一的、较为完备的合同法典。

《合同法》规定，合同当事人应遵守平等原则、自愿原则、公平原则、诚实信用原则和遵守法律与社会公德原则。

2. 合同的订立

（1）合同的主体、形式及内容

《合同法》规定，当事人订立合同，应当具有相应的民事权利能力和民事义务能力。可见，只有具备法定资格条件，才可以成为合格的合同订约主体，在民事法律关系中，自然人、法人、其他组织是合同主体，同时也是订约个体。

合同的形式是合同内容的载体。当事人订立合同可采用书面形式、口头形式和其他形式。

书面形式是合同的主要形式，是通过文字来表达当事人所订合同内容的合同形式。当事人可以通过合同书、信件、数据电文（包括电报、传真、电子数据交换和电子邮件）等形式来确立合同关系。

合同的内容也叫作合同的条款，是确定合同双方当事人权利义务关系的根本依据，也是判断合同是否有效的客观依据。《合同法》第十二条规定，合同的内容由当事人约定，一般包括以下条款：1）当事人的名称或者姓名和住所；2）标的；3）数量；4）质量；5）价款或者报酬；6）履行期限、地点和方式；7）违约责任；8）解决争议的方法。当事人可以参照各类合同的示范文本订立合同。

（2）合同的订立

合同的订立过程，就是当事人双方依法对合同内容进行协商，取得一致意见的过程。它包括要约和承诺两大程序。

要约是一方当事人向对方提出订立合同的建议和要求，即希望与他人订立合同的意思表示。该意思表示应符合以下要求：1）内容具体确定；2）表明经受要约人承诺，要约人即受该意思表示约束；3）要约到达受要约人时生效，不得任意撤回、撤销或变更。

承诺是受要约人同意要约的意思表示。承诺必须由受要约人或其代理人做出，其内容必须与要约的内容一致，并且在要约规定的期限内到达要约人。否则，承诺没有法律效力。

3. 合同的效力

合同的效力即合同的法律约束力，就是合同的法律效力。《合同法》规定，依法成立的合同，自成立时生效；法律、行政法规规定应当办理批准、登记手续生效的，依照其规定。

不具备法定条件的合同没有法律效力，不受国家保护，该合同无效。因重大误解订立的合同，显失公平的合同，一方以欺诈、胁迫的手段或乘人之危订立的合同，属可撤销合同。对此类合同，受损害方有权请求人民法院或者仲裁机构予以变更或撤销。被撤销的合同自开始时即没有法律效力。

4. 合同的履行

合同的履行就是合同双方当事人为了实现订立合同的目的而做出合同约定的行为。也就是按照合同约定的主要内容全面完成各自承担的义务。双方当事人在履行合同过程中应遵守全面履行和诚实信用的履行原则，切实完成合同义务。

5. 合同的变更、转让和终止、解除

《合同法》第七十七条规定了合同变更的一般条件：当事人协商一致，可以变更合同。法律、行政法规规定变更合同应当办理批准、登记手续的，手续齐备方可变更。

合同的转让是指合同当事人一方依法将其合同全部或部分的权利和义务转让给第三人的行为。合同的转让可分为合同权利的转让、合同义务的转让和合同权利、义务的一并转让三种情况。合同的转让和合同的变更最主要的区别在于：合同转让是合同主体发生变更，但不致改变合同的内容；合同变更则是只对合同的内容进行非实质变更，合同的主体不变。

合同的终止即合同的权利义务终止，是指合同当事人双方终止合同关系，合同确立的权利义务关系消灭。《合同法》第九十一条规定了终止合同权利义务的情形。

合同的解除是指合同有效成立后，因当事人一方的意思表示或者双方的协议，使基于合同发生的民事权利义务关系归于消灭的行为。合同解除的方式有协商解除、约

定解除、法定解除三种。

三、《中华人民共和国消费者权益保护法》相关知识

1. 消费者权益保护法的概念

消费包括生产资料的消费和生活资料的消费。这里所说的消费者是指生活资料的消费者，是指为满足生活需要而购买、使用商品和接受服务的个体公民。消费者权益是指消费者在有偿获得商品或接受服务时所应得到的正当权利。消费者的权利是消费者利益在法律上的体现，是国家对消费者进行保护的前提和基础。为了保护消费者的合法权益，维护社会经济秩序，促进社会主义经济的健康发展，1993 年 10 月 31 日第八届全国人民代表大会常务委员会第四次会议通过了《中华人民共和国消费者权益保护法》(以下简称《消费者权益保护法》)，根据 2009 年 8 月 27 日第十一届全国人民代表大会常务委员会第十次会议《关于修改部分法律的决定》第一次修正，根据 2013 年 10 月 25 日第十二届全国人民代表大会常务委员会第五次会议《关于修改〈中华人民共和国消费者权益保护法〉的决定》第二次修正。这是我国制定的第一部保护消费者权益的专门法律，主要内容是规定消费者的权利、经营者的义务、国家对消费者合法权益的保护、消费者组织、争议的解决和法律责任。

2. 消费者的权利与经营者的义务

《消费者权益保护法》第二章专门规定了消费者的权利。依据该法的规定，消费者的权利主要有安全权（人身、财产不受损害）、知情权、自主选择权、公平交易权、请求赔偿权、依法结社权（成立社团）、获得有关商品知识权、维护尊严权、监督批评权等。

依照《消费者权益保护法》第三章的规定，在保护消费者权益方面，经营者主要有如下义务：履行法定和约定的义务，接受监督的义务，保证商品和服务安全的义务，提供商品和服务真实信息的义务，标明真实名称和标记的义务，出具购货凭证或者服务单据的义务，保证质量的义务，履行“三包”的义务，不得侵犯消费者人格权的义务等。

3. 消费者权益的保护

（1）国家对消费者合法权益的保护

对侵犯消费者合法权益的行为，应当采取民事的、行政的和刑事的手段来保护消

费者的合法权益，具体表现在由经营者根据其违法行为的性质、情节、社会危害等因素分别承担民事责任、行政责任和刑事责任。

（2）消费者组织对消费者合法权益的保护

消费者协会和其他消费者组织是依法成立的对商品和服务进行社会监督和保护消费者合法权益的社会团体。消费者协会通过下列职能保护消费者的合法权益：

1）向消费者提供消费信息和咨询服务。

2）参与有关行政部门对商品和服务的监督、检查。

3）就有关消费者合法权益的问题，向有关行政部门反映、查询，提出建议。

4）受理消费者的投诉，并对投诉事项进行调查、调解。

5）投诉涉及商品和服务质量问题的，可以提请鉴定部门鉴定，鉴定部门应当告知鉴定结论。

6）就损害消费者合法权益的行为，支持受损害的消费者提起诉讼。

7）对损害消费者合法权益的行为，通过大众传播媒介予以揭露、批评。

四、《家用汽车产品修理、更换、退货责任规定》相关知识

《家用汽车产品修理、更换、退货责任规定》于 2012 年 6 月 27 日国家质量监督检验检疫总局局务会议审议通过，自 2013 年 10 月 1 日起施行。

家用汽车产品自销售者开具购车发票之日起 60 日内或者行驶里程 3 000 km 之内（以先到者为准），家用汽车产品出现转向系统失效、制动系统失效、车身开裂或燃油泄漏，消费者选择更换家用汽车产品或退货的，销售者应当负责免费更换或退货。

在家用汽车产品三包有效期内，发生下列情况之一，消费者选择更换或退货的，销售者应当负责更换或退货：

1. 因严重安全性能故障累计进行了 2 次修理，严重安全性能故障仍未排除或者又出现新的严重安全性能故障的。

2. 发动机、变速器累计更换 2 次后，或者发动机、变速器的同一主要零件因其质量问题，累计更换 2 次后，仍不能正常使用的，发动机、变速器与其主要零件更换次数不重复计算。

3. 转向系统、制动系统、悬架系统、前 / 后桥、车身的同一主要零件因其质量问题，累计更换 2 次后，仍不能正常使用的。

另外，在家用汽车产品三包有效期内，因产品质量问题修理时间累计超过 35 日的，或者因同一产品质量问题累计修理超过 5 次的，消费者可以凭三包凭证、购车发

票，由销售者负责更换。

五、《道路运输从业人员管理规定》相关知识

2006 年 11 月 23 日，交通部为加强道路运输从业人员管理，提高道路运输从业人员综合素质，根据《中华人民共和国道路运输条例》《危险化学品安全管理条例》以及有关法律、行政法规，制定了《道路运输从业人员管理规定》。《道路运输从业人员管理规定》从发布之后，经过十年于 2016 年进行了第一次修正。该规定包括总则、从业资格管理、从业资格证件管理、从业行为规定、法律责任和附则。该规定是我国道路运输法规体系的重要组成部分，是加快我国道路运输人力资源建设的制度保障。

六、《机动车维修管理规定》相关知识

2005 年 6 月 24 日，交通运输部为规范机动车维修经营活动，维护机动车维修市场秩序，保护机动车维修各方当事人的合法权益，保障机动车运行安全，保护环境，节约能源，促进机动车维修业的健康发展，根据《中华人民共和国道路运输条例》及有关法律、行政法规的规定，制定了《机动车维修管理规定》。2015 年 8 月 8 日，《交通运输部关于修改〈机动车维修管理规定〉的决定》第一次修正；《交通运输部关于修改〈机动车维修管理规定〉的决定》于 2016 年 4 月 14 日经第 8 次部务会议通过了第二次修正。该规定包括总则、经营许可、维修经营、质量管理、监督检查、法律责任和附则。

七、《汽车维护、检测、诊断技术规范》相关知识

2001 年 3 月 26 日，交通运输部为规范在用汽车维护、检测、诊断作业，使汽车保持良好的技术状况，减少汽车故障，保证行程安全，延长车辆使用寿命，有效地控制汽车排放污染物，制定了国家标准 GB/T 18344—2001《汽车维护、检测、诊断技术规范》。该标准于 2016 年 12 月 13 日进行了修订，修订后的国家标准为 GB/T 18344—2016《汽车维护、检测、诊断技术规范》。该标准适用于所有在用汽车，凡是在道路运输行政管理机构认定的汽车维修企业进行维修的车辆都必须执行本规范的技术要求。

八、《特种设备安全监察条例》相关知识

为了加强特种设备的安全监察，防止和减少事故，保障人民群众生命和财产安全，促进经济发展，于 2003 年 3 月 11 日公布了《特种设备安全监察条例》（中华人民共和国国务院令第 373 号）。该条例于 2009 年 1 月 24 日进行了修订。该条例的内容包括总则、特种设备的生产、特种设备的使用、检验检测、监督检查、事故预防和调查处理、法律责任以及附则。

九、《液化天然气汽车专用装置安装要求》相关知识

为规范液化天然气汽车专用装置的安装，2006 年 12 月 29 日，全国汽车标准化技术委员会制定了 GB/T 20734—2006《液化天然气汽车专用装置安装要求》。该标准规定了液化天然气汽车专用装置的安装、检验等技术要求，适用于所有使用液化天然气专用装置的汽车。